lonely planet

LO MEJOR • VIDA LOCAL • GUÍA PRÁCTICA

OSLO

DE CERCA

GEMMA GRAHAM

Sumario

Puesta a punto 4

Torre del reloj, Aker Brygge (p. 69).
ANNA JEDYNAK/SHUTTERSTOCK ©

Explorar Oslo 32

Merece la pena

Guía práctica 145

Imprescindible

Bienvenidos a Oslo

Rodeada de bosques y fiordos, esta ciudad es un ejemplo de reinvención. Su paseo marítimo, orientado a la cultura y el ocio, acoge asombrosos edificios modernos y museos de fama internacional. Sus numerosos espacios verdes permiten conectar con la naturaleza y la escultura. Al anochecer, el ambiente se anima en restaurantes vanguardistas y locales de música en vivo. He aquí la nueva capital de la cultura nórdica.

Ópera de Oslo (p. 56), Bjørvika.
ALERY BARETA/SHUTTERSTOCK ©

Las mejores experiencias

Admirar obras maestras noruegas en el Museo Nacional (p. 70)

NATIONAL MUSEUM OF NORWAY, COLLECTION/IWAN BAAN ©

Subir al tejado de la deslumbrante Ópera de Oslo (p. 56)

Pasear por el Palacio Real (p. 38)

Descubrir artistas contemporáneos en el Astrup Fearnley Museet (p. 74)

NANISIMOVA/SHUTTERSTOCK ©

DCHA.: CULTURE AGENCY, OSLO MUNICIPALITY ©

Recorrer el interior de la Akershus Festning (p. 36)

Observar las emociones humanas en el Vigelandsparken (p. 92)

Pasear entre esculturas en el Ekebergparken (p. 128)

Sentir la adrenalina en el trampolín de saltos de Holmenkollen (p. 88)

Comprender al artista más famoso del país en el Museo Munch (p. 58)

Gastronomía

La escena culinaria de Oslo ha evolucionado en los últimos años y se ofrecen creativos menús de temporada en casi todos los restaurantes. Se pueden pedir perritos calientes por la calle, probar especialidades noruegas u optar por auténticos platos japoneses, italianos, franceses, indios o tailandeses, además de disfrutar con las innovaciones de chefs premiados con estrellas Michelin.

AYCIN MESUT BASIM/SHUTTERSTOCK ©

Menús de temporada

Muy inspirados en la nueva cocina nórdica impulsada por pioneros como el danés René Redzepi, los menús de temporada son habituales en los mejores restaurantes de la capital. Se emplean ingredientes de máxima calidad para elaborar platos imaginativos que cambian según la disponibilidad del producto.

'Pizza' perfecta

Los noruegos adoran la *pizza* congelada, pero en Oslo abundan las pizzerías que preparan la auténtica napolitana u otras de corteza fina con ingredientes frescos.

Propuestas sin carne

La gastronomía tradicional noruega se basa en el pescado y la carne roja, pero cada vez hay más opciones para vegetarianos y veganos, especialmente en Oslo, donde abren sin cesar restaurantes orientados a lugareños y visitantes concienciados con la salud y el planeta.

Nueva cocina nórdica

Maaemo Exquisitas cenas de degustación en el mejor restaurante del país. (p. 62)

Smalhans Menú del día que atrae a numerosos lugareños. (p. 109)

Restaurant Hot Shop Tienda erótica convertida en bistró con estrella Michelin. (p. 135)

Cocina tradicional noruega

Grand Café Platos refinados y elegantes en el restaurante favorito de Henrik Ibsen. (p. 47)

Lorry Rica y rústica comida noruega en un entorno excéntrico. (p. 103)

OLGA MILTSOVA/SHUTTERSTOCK ©

Syverkiosken *Pølse* (perritos calientes) acompañados del tradicional pan de patata. (p. 117)

Haralds Vaffel El mejor sitio para probar gofres con *brunost* (queso marrón). (p. 118)

'Pizzas'

Zio Pizza Pizzería napolitana siempre abarrotada que usa ingredientes frescos. (p. 102)

Piazza Italia Sabrosas *pizzas* crujientes al estilo romano junto al Frognerparken. (p. 93)

Sentralen Kafé *Pizza* de masa madre a cualquier hora. (p. 47)

Lofthus Samvirkelag Pizzería junto a un parque en la galería de arte Kunstnernes Hus. (p. 39)

Hamburguesas

Døgnvill Burger Deliciosas opciones de ternera, pollo, pescado o vegetales con guarniciones irresistibles. (p. 83)

Munchies Concurrida hamburguesería de Grünerløkka ideal para satisfacer antojos nocturnos. (p. 118)

Illegal Burger Hamburguesas a la brasa y patatas fritas tan buenas que deberían ser ilegales. (p. 118)

Comida internacional

Punjab Tandoori Restaurante indio con largas colas a la hora del almuerzo. (p. 136)

Hrimnir Concisa oferta de boles de *ramen* que exaltan el *umami*. (p. 117)

Alex Sushi *Sushi* de primera en mesas compartidas. (p. 104)

Gangnam Clásicos coreanos como *bibimbap*. (p. 103)

Vegetariana y vegana

Nordvegan Galardonado restaurante especializado en nutritivos platos veganos. (p. 46)

Cultivate Food Hamburguesas vegetales, ensaladas y platos del día. (p. 118)

Neongrut Estupenda cafetería con leches vegetales y exquisiteces veganas. (p. 138)

Bares y cafeterías

ULLSTEIN BILD/GETTY IMAGES ©

Aunque el alcohol es bastante más caro que en muchos otros países europeos, Oslo cuenta con una asombrosa cantidad de bares y pubs, *desde antros ruidosos hasta locales refinados que sirven los mejores vinos del mundo. Asimismo, abundan las cafeterías con personal experto en el arte de tostar y preparar el café.*

Zonas de bares

Entre las zonas más animadas destacan los alrededores de Thorvald Meyers gate (en Grünerløkka) y la avenida Torggata (tras el puente sobre el río Akerselva). En Youngstorget están algunos de los locales céntricos más populares. Grønland y Tøyen tienen un ambiente alternativo, mientras que el desarrollo en torno a Aker Brygge ha dinamizado la vida nocturna en el paseo marítimo.

Ocio

Los juegos sociales son comunes en la vida nocturna de Noruega. Los lugareños admiten que ello se debe a su naturaleza reservada: jugar supone una distracción hasta que el vino, la cerveza o los cócteles proporcionan la desinhibición necesaria para charlar.

Microcervecerías

La primera de Oslo se inauguró en 1989 y desde entonces muchos más entusiastas de la cerveza han abierto *pubs* que la producen y sirven *in situ*. Hay un par –Schouskjelleren Mikrobryggeri y Ringnes Brygghus– emplazadas en fábricas históricas.

Coctelerías

Papa Borracho Íntima *mezcalería* con muy buen ambiente. (p. 49)

Dangerous Club Excepcionales cócteles clásicos con vinilos de fondo. (p. 119)

Himkok Bebidas mezcladas a la perfección por bármanes expertos a partir de licores de destilación casera. (p. 48)

Torggata Botaniske Bar lleno de plantas con un huerto de hierbas aromáticas. (p. 50)

LUIS DAFOS/ALAMY STOCK PHOTO ©

Enotecas

Territoriet Cientos de vinos por copas. (p. 120)

Oh Dear Caldos de todas partes del planeta. (p. 86)

Dr Kneipp's Vinbar Veterano local para amantes del vino con tapas excelentes. (p. 121)

Cervecerías

Crow Amplia selección de cervezas de barril de la casa y de otros fabricantes en un ambiente industrial chic. (p. 50)

RØØR Vinilos, tentempiés y más de 70 cervezas de barril. (p. 50)

Schouskjelleren Mikrobryggeri Evocadora cervecería en un sótano (arriba dcha.) con una oferta asombrosa. (p. 121)

Grünerløkka Brygghus Legendaria microcervecería con *pilsners, Weißbier, sours* y muchos otros tipos. (p. 121)

Bares lúdicos

Kulturhuset Bonito y concurrido local donde jugar al *shuffleboard.* (p. 50)

Oslo Camping Alcohol y minigolf para romper el hielo. (p. 50)

House of Nerds Establecimiento inclusivo con videoconsolas clásicas, juegos de mesa y *escape room* en RV. (p. 115)

Cafeterías

Tim Wendelboe Reputada cafetería esquinera de visita obligada. (p. 120)

Supreme Roastworks Baristas simpáticos que sirven el café tras tostar los granos. (p. 121)

Handwerk Botaniske Soberbio café de filtro elaborado con granos de primera calidad. (p. 136)

Fuglen Bar de los años sesenta reformado con gusto (arriba izda.) con café y servicio intachables. (p. 49)

Neongrut Cafetería vegana que también sirve vinos al atardecer. (p. 138)

Museos y galerías

Oslo presume de museos que rivalizan con los de ciudades que la cuadruplican en tamaño. Una serie de instituciones asentadas y modernas programan exposiciones muy cuidadas; la mayoría se encuentran en el centro, pero también hay algunas en la península de Bygdøy. Las galerías comerciales y colecciones de arte privadas complementan la oferta.

Península con museos

Hay unos cuantos museos diseminados por Bygdøy, península conectada frecuentemente en ferri con Rådhusbrygge. Sus anchas avenidas flanqueadas por chalés son idóneas para pasear entre museo y museo; si se prefiere no andar, el autobús 30 para cerca de todos ellos.

De galería en galería

Se ven galerías de arte independientes por todos los barrios céntricos, pero muchos de los espacios artísticos más vanguardistas se hallan en Grünerløkka, al igual que la respetada Academia Nacional de las Artes de Oslo (KHiO) y sus oficinas de la industria creativa.

Reformas históricas

Varios grandes museos de Oslo se han sometido últimamente –o se están sometiendo– a una renovación o reconstrucción. Tanto el Museo Munch como el Museo Nacional se han trasladado a flamantes instalaciones modernas (inauguradas en el 2021 y el 2022 respectivamente), mientras que la remodelación del Vikingskipshuset se completará en el 2026 o el 2027, cuando reabrirá como Museo de la Era Vikinga.

Los mejores museos de arte

Museo Nacional Sobresaliente colección de arte tradicional y moderno, la mayor del país. (p. 70)

Astrup Fearnley Museet Obras de célebres artistas contemporáneos en un edificio de Renzo Piano. (p. 74)

Museo Munch Homenaje de 13 plantas a Edvard Munch donde se exponen

JWCOHEN/SHUTTERSTOCK ©

sus pinturas más famosas, incluida una versión de *El grito*. (p. 58)

Museo Vigeland Muestra del proceso y desarrollo artístico del prolífico escultor Gustav Vigeland. (p. 100)

Establo de Arte de la Reina Sonia Antiguo establo transformado en galería para exponer obras de la colección real. (p. 44)

Las mejores galerías

Standard Atrevido espacio de dos salas que acoge obras de estrellas como Matias Faldbakken. (p. 115)

VI, VII Moderno espacio expositivo en Bjørvika que apuesta por prometedores artistas locales. (p. 62)

Fineart Oslo Vasta galería en un sótano (la mayor de Noruega) que da cabida a más de 500 artistas. (p. 81)

Los mejores museos de cultura noruega

Museo Marítimo de Noruega Ilustra la rica historia marítima de la nación en un bello emplazamiento en el fiordo de Oslo. (p. 79; arriba)

IBSEN Museum & Teater Brillante acercamiento a la vida y obra de uno de los mejores dramaturgos de la historia. (p. 44)

Norsk Folkemuseum Construcciones rústicas de todo el país, incluida la iglesia de madera de Gol. (p. 79)

Viking Planet Narración digital del pasado vikingo de Noruega. (p. 45)

Merece la pena

El **Museo Emanuel Vigeland** (p. 93), semejante a una iglesia, debía albergar sus obras tras su muerte, pero el hermano menor de Gustav lo convirtió en su mausoleo. El resultado es un espacio tenuemente iluminado y adornado con los emotivos y eróticos frescos de su obra maestra, *Vita*, que representa el ciclo de la vida desde el nacimiento hasta la muerte. Solo abre el domingo; conviene adquirir la entrada con antelación.

Arquitectura

DMITRY NAUMOV/SHUTTERSTOCK ©

El aspecto del entorno de Oslo ha cambiado drásticamente en dos décadas con la aparición de edificios considerados icónicos al instante (aun sin ser del agrado de todos) y la regeneración de zonas industriales como Bjørvika y Aker Brygge que se suman a elegantes calles del s. XVII, avenidas del s. XIX y joyas del funcionalismo ("Oslo Funkis") del s. XX.

Arquitectos estrella

Varios arquitectos de prestigio internacional han dejado su huella en Oslo. Cabe destacar el estudio local Snøhetta, responsable del diseño de la Ópera de Oslo y de la renovación del 2023 del Museo de Esquí de Holmenkollen.

Elogios y críticas

No todas las estructuras emblemáticas recientes han sido bien recibidas. Tras su inauguración, el discreto y atemporal Museo Nacional fue votado como el edificio más feo de Noruega en una encuesta realizada por Arkitektopprøret (Rebelión Arquitectónica). El nuevo Museo Munch tuvo el mismo dudoso honor el año anterior.

Distrito Gubernamental

El último gran proyecto arquitectónico es el Distrito Gubernamental *(Regjeringskvartalet)*, cuya finalización está prevista para el 2025. Tras los atentados terroristas del 2011 en Oslo y Utøya, los planes para reparar los edificios gubernamentales dañados por las bombas en Hammersborg (entre Møllergata y Akersgata) dieron pie a un proyecto para construir otros nuevos y un parque público.

Los mejores lugares históricos

Akershus Slott Palacio renacentista con mazmorras medievales. (p. 37)

Catedral de Oslo Hermosa iglesia barroca con vitrales de Emanuel Vigeland. (p. 41)

Palacio Real Edificio de ladrillo estucado de color amarillo pálido con un diseño neoclásico. (p. 38)

ANNA JEDYNAK/SHUTTERSTOCK ©

Norsk Folkemuseum Inmenso museo al aire libre que ilustra las distintas épocas de la arquitectura noruega. (p. 79)

IBSEN Museum & Teater Hogar del dramaturgo Henrik Ibsen que permite contemplar la arquitectura doméstica de finales del s. XIX. (p. 44)

Stortinget Sede del Parlamento de Noruega (arriba dcha.) cuya forma de H representa unos brazos abiertos al pueblo. (p. 41)

Los mejores edificios del siglo XX

Rådhus La sede del Ayuntamiento (arriba izda.) es un llamativo ejemplo del funcionalismo tardío. (p. 41)

Ekebergrestauranten Impresionante joya del funcionalismo temprano en un entorno precioso. (p. 136)

Kunstnernes Hus Imponente edificio funcionalista que también destaca por el arte que alberga. (p. 46)

Grünerløkka Studenthus Granero de la década de 1950 convertido en residencia de estudiantes en el 2001. (p. 119)

La mejor arquitectura contemporánea

Museo Nacional Estructura de esplendor discreto cuyo diseño atemporal trasciende tendencias arquitectónicas. (p. 70)

Ópera de Oslo Asombroso edificio junto al agua con el que dejó huella el estudio de arquitectura Snøhetta de Oslo. (p. 56)

Deichman Bjørvika Biblioteca con un voladizo en forma de abanico que compite con los notables detalles del interior. (p. 61)

Astrup Fearnley Museet Edificio de Renzo Piano que refleja su antiguo emplazamiento junto al muelle. (p. 74)

Sentralen Fabuloso reacondicionamiento de una antigua sede bancaria que combina elementos decimonónicos y contemporáneos. (p. 41)

Trampolín de Holmenkollen Elevada y dinámica curva de aluminio y vidrio diseñada por la firma JDS Architects. (p. 88)

Al aire libre

Los preciosos parques de Oslo aúnan naturaleza y ocio. En los días soleados atraen a lugareños que se relajan, disfrutan de un pícnic y toman el sol. Además, están repletos de arte público y el viajero podrá contemplar obras de Auguste Rodin, Damien Hirst y Louise Bourgeois, entre otros.

Saunas en el puerto

La zona portuaria está a rebosar de saunas flotantes, como las de Aker Brygge, Langkaia (cerca de la Ópera) y Sukkerbiten (cerca del Museo Munch).

Barbacoas y relax

Para integrarse de verdad, uno puede comprar una barbacoa desechable y asar *pølser* (salchichas) en algún parque. Es una actividad tan popular que la mayor parte de los espacios al aire libre disponen de papeleras especiales a tal efecto. Aun así, hay que prestar atención a los carteles, pues en algunos lugares –como en Slottsparken– está prohibido.

Los mejores parques artísticos

Tjuvholmen Skulpturpark Pequeña galería al aire libre con vistas preciosas del fiordo de Oslo. (p. 80)

Frognerparken Atrae a los visitantes por las épicas esculturas de Gustav Vigeland (arriba) e invita a pasear por su increíble belleza. (p. 100)

Ekebergparken Bosques tupidos, campos fértiles e inusuales formaciones geológicas en un parque montañoso salpicado de extraordinarias obras de arte contemporáneo. (p. 128)

Klosterenga Skulpturpark El parque artístico más reciente de Oslo plasma la visión arquitectónica única de Bård Breivik en un homenaje a diferentes culturas. (p. 134)

Los mejores parques de barrio

Jardín Botánico Apacible lugar con árboles raros e interesantes obras de arte que acoge el Museo de Historia Natural. (p. 133)

Parque St. Hanshaugen Tranquila y familiar zona verde con vistas fabulosas. (p. 109)

Akerselva Río urbano bordeado por parquecitos y las

SAIKO3P/SHUTTERSTOCK ©

maravillosas laderas verdes de Grünerhagen. (p. 115)

Los mejores sitios para comer y beber junto a parques

Ekebergrestauranten En un entorno sereno y arbolado con vistas magníficas, sobre todo desde la terraza veraniega. (p. 136)

Handwerk Botaniske Encantadora cafetería del Jardín Botánico. (p. 136)

Gutta På Haugen Tienda de alimentación donde abastecerse para un pícnic o pedir un helado. (p. 109)

Anne på Landet Cabaña de madera en Frognerparken ideal para degustar una bebida caliente y un buen trozo de pastel. (p. 97)

Las mejores playas

Paradisbukta Rústica playa en un entorno boscoso que, para alegría de los turistas, es el secreto peor guardado de Bygdøy. (p. 84)

Huk Resort de playa en la punta suroccidental de la península de Bygdøy. (p. 84)

Langøyene Isla que ha pasado de vertedero a espacio recreativo con una larga franja de arena. (p. 77)

Los mejores senderos urbanos

Mesolithic Climb Empinado ascenso por Ekebergparken con paneles sobre los vestigios de asentamientos ancestrales. (p. 129)

Havnepromenaden Paseo de 9 km en el puerto que presenta pilares informativos de color naranja con fotos de pasado y presente. (p. 135)

Merece la pena

El bosque de **Nordmarka,** al norte de Holmenkollen, es un gran destino para el excursionismo, el ciclismo de montaña, el descenso en trineo y el esquí. Al llegar a la parada Frognerseteren de la línea 1 del T-bane, basta buscar las pistas señalizadas.

Comunidad LGTBIQ+

Noruega suele figurar entre los países más respetuosos con la comunidad LGTBIQ+, de lo cual da fe la extremadamente liberal Oslo. Dado que este colectivo goza de amplia aceptación, la ciudad no cuenta con un barrio específico para sus miembros y personas de todas las identidades se divierten juntas en bares y clubes nocturnos. Con todo, existe un vibrante panorama LGTBIQ+.

ESFERA/SHUTTERSTOCK ©

Los mejores bares y clubes

London Pub (londonpub.no; CJ Hambros plass 5, acceso por Rosenkrantz' gate; Tinghuset) Principal local de Oslo para gais y lesbianas desde 1979 con DJ el fin de semana.

Elsker (facebook.com/ElskerOslo; Kristian IVs gate 12; Tullinløkka) Animado bar y club donde cualquiera puede bailar al son de los DJ.

Los mejores festivales

Oslo Pride (oslopride.no; jun) Mayor celebración del Orgullo en Noruega con música, fiestas, talleres y un desfile durante nueve días de junio.

Oslo/Fusion International Film Festival (oslofusion.no; sep) Filmes, cortos y documentales de temática LGTBIQ+ proyectados por toda la capital en septiembre.

Los mejores eventos

Karmaklubb* (karmaklubb.com) Espectáculos nocturnos, cine y otros eventos itinerantes para personas que se identifican o simpatizan con el género no binario.

Open Drag Stage (facebook.com/opendragstage) Artistas emergentes de *drag* y *burlesque* actúan por toda la ciudad.

DRAMAqueen (facebook.com/clubdramaqueen) Veladas con DJ y actuaciones en vivo en clubes para la comunidad LGTBIQ+.

Consejo

Fundada en 1991, **Blikk** (blikk.no) es la revista de temática LGTBIQ+ más antigua de los países nórdicos y cubre noticias sobre dicha comunidad en Noruega. No incluye listas, pero en la sección cultural publican reseñas sobre producciones de teatro, música y danza de orientación *queer*.

Gratis

Oslo es una ciudad cara y el bolsillo del viajero se puede resentir incluso si adquiere un pase turístico. Sin embargo, hay varios puntos de interés que no cuestan ni una corona, incluidos lugares históricos, parques de esculturas de fama internacional y vastos espacios recreativos.

FRANCO FRANCISCO MARIA/SHUTTERSTOCK ©

Oslofjord

El fiordo de Oslo está salpicado de islas bonitas y fáciles de explorar. Una de ellas es la aún virgen Langøyene, perfecta para la natación y la acampada libre.

Las mejores atracciones gratis

Akershus Festning Fortificación medieval con vistas increíbles de Oslo y su fiordo. (p. 36)

Ópera de Oslo Estructura con un interior moderno (arriba dcha.) que permite pasear por el tejado y gozar de las vistas. (p. 56)

Rådhus Hito arquitectónico con sensacionales obras de arte de mediados del s. XX. (p. 41)

Vigelandsparken Horas de entretenimiento en un parque enorme con 214 esculturas al aire libre y un lago. (p. 92)

Slottsparken Majestuosos jardines del Palacio Real. (p. 44)

Jardín Botánico Amenos paseos entre parterres y árboles raros de todo el planeta. (p. 133)

Los mejores rincones agrestes

Akerselva Agradable río con rápidos, cascadas y márgenes arboladas que ya no sufre contaminación industrial. (p. 115)

Nordmarka Prístina extensión boscosa de 430 km^2 atravesada por rutas senderistas. (p. 19)

Consejos

- Un billete de la zona 1 permite viajar en ferri público a las islas interiores del fiordo de Oslo.
- Para ir a Nordmarka, tómese la línea 1 del T-bane hasta Frognerseteren y síganse los senderos.

Para niños

Oslo es un destino maravilloso para familias gracias a hoteles, restaurantes y atracciones que dan una cálida bienvenida a los más pequeños. Casi todos los padres autóctonos afirman que las mejores actividades son las simples y gratuitas (y no escasean).

DENIS KUDLAY/SHUTTERSTOCK ©

Las mejores propuestas para los más activos

Frognerparken Nada prohíbe trepar a las estatuas o correr por el laberinto taraceado de 3000 m. (p. 100)

Skur13 Acogedor *skatepark* (gratis mi y lu-vi por la tarde) con barandillas, tubos y rampas donde prestan el equipo. (p. 81)

Sørenga Sjøbad Muelle con piscina infantil y plataformas de salto para temerarios. (p. 61)

Los mejores museos

Museo Nacional Audioguía que ilustra las exposiciones con un lenguaje apto para niños. (p. 70)

Museo Kon-Tiki Inspiración para ese explorador interior. (p. 80; arriba)

Museo de Historia Natural 'Hábitats' de animales disecados, esqueletos de dinosaurios y el interactivo espacio Klimahuset. (p. 133)

Viking Planet Hologramas de vikingos, incursiones en RV y diversión en el puesto de selfis. (p. 45)

Los mejores sitios para comer

Villa Paradiso Pizzería popular entre familias locales que abre pronto. (p. 118)

Mathallen Oslo Zona de restauración con opciones para todos los gustos. (p. 117)

Munchies Agradable hamburguesería de barrio. (p. 118)

Consejos

- Se pueden contratar canguros de confianza a través de Barnepasseren (barnepasseren.no) incluso en un hotel.
- Los museos quizá pidan usar sus cochecitos (sobre todo si el propio es voluminoso).

De compras

Nedre Slottsgate y Prinsens gate acogen marcas de grandes diseñadores, pero la zona de Bispevika (en Bjørvika) es el nuevo enclave de la moda de lujo. En Frogner y St. Hanshaugen hay tiendas exclusivas, mientras que Grunerløkka se especializa en prendas vintage y escandinavas. Karl Johans gate y el centro comercial Oslo City están llenos de tiendas corrientes.

THEO MOYE/ALAMY STOCK PHOTO ©

Las mejores 'boutiques' de diseño noruego

Norwegian Rain Ropa para cualquier clima de la mejor marca de alta costura de Bergen. (p. 67)

Devold Codiciados suéteres de lana de un titán de las prendas de exterior. (p. 66)

Holzweiler Artículos chic de la principal casa de moda noruega. (p. 67)

Ensemble Estupenda selección de la mano de diseñadores locales. (p. 125)

La mejor comida y bebida

Gutta På Haugen Deliciosos alimentos noruegos, quesos importados y productos de charcutería. (p. 109)

Vinmonopolet Sucursal en Grünerløkka del único establecimiento de Oslo donde se pueden comprar bebidas alcohólicas. (p. 124)

Freiabutikken Tiendecilla que vende chocolate de una conocida marca de confitería noruega. (p. 52)

Annis Oslobukta Carnicería y charcutería con cortes de suma calidad para barbacoas veraniegas. (p. 66)

Los mejores libros y discos

Cappelens Forslag Obras literarias de culto y primeras ediciones, muchas en inglés. (p. 51)

Tronsmo Bokhandel Numerosos títulos en inglés, una sección LGTBIQ+ bien surtida y cómics. (p. 52)

Nomaden Guías, mapas y demás, así como un personal experto en viajes. (p. 106)

Råkk og Rålls Vinilos de segunda mano de todos los géneros musicales. (p. 52)

Los mejores artículos 'vintage' y de segunda mano

Utopia Retro Modern Una de las mejores tiendas de menaje *vintage*. (p. 106)

Birkelunden Marked Mercadillo dominical donde buscar algún recuerdo peculiar. (p. 125; arriba)

Past Workshop Ropa de segunda mano expuesta ingeniosamente y un taller en la parte delantera. (p. 124)

Turismo responsable

Experiencias positivas, sostenibles y para sentirse bien.

En ruta

Circular sobre dos ruedas. Oslo dispone de un excelente sistema de bicicletas compartidas (oslobysykkel.no) con más de 250 estaciones y buen mantenimiento. También se encuentran patinetes eléctricos vinculados a aplicaciones (como Voi y Ryde) por toda la ciudad.

Pasear. Con un tamaño reducido que facilita recorrerla a pie, caminar por las anchas aceras de la capital noruega es un placer y permite admirar edificios interesantes y espacios verdes.

Apoyar la economía local

Visitar un mercadillo el domingo. Se puede respaldar a los fabricantes locales en el mercado dominical de Ingensteds (en Grünerløkka) adquiriendo jabón artesanal, cerámica, accesorios para el cabello, dibujos, grabados y otros artículos.

Buscar prendas 'vintage'. Comprar ropa de segunda mano contribuye a reducir los residuos textiles; Markveien, Thorvald Meyers gate y las calles aledañas encandilan a los amantes del *vintage*.

Probar sabores locales en días de mercado. Se aconseja catar alimentos de proximidad en Bondens Marked (bondensmarked.no), mercado itinerante donde pequeños productores venden productos artesanales de fácil trazabilidad.

Degustar delicias 'gourmet' elaboradas con alimentos de descarte. La opinión del viajero sobre estos productos cambiará en Rest (restaurantrest.com), refinado restaurante donde crean platos exquisitos a partir de verduras imperfectas y cortes de carne y pescado que se suelen descartar.

Recursos

Hacerse con el mapa Green Life Oslo. Este práctico y gratuito mapa desplegable disponible en el centro de visitantes (p. 151) destaca actividades, zonas verdes y atracciones sostenibles, desde granjas urbanas hasta zonas de pícnic y espacios colaborativos.

Informarse sobre el derecho de acceso público a la naturaleza. El concepto noruego de *allemannsretten* permite transitar libremente por los parajes naturales del país –como bosques,

ROB CRANDALL/SHUTTERSTOCK ©

campos e islas de los alrededores de Oslo– y recolectar bayas, setas y flores silvestres. Más detalles en environmentagency.no.

Restitución

Recuperar el depósito. Al reciclar latas y botellas de plástico vacías en supermercados se devuelve un simbólico *pant* (depósito): basta meterlas en la máquina (normalmente junto a la puerta) para obtener un vale impreso que se canjea en la tienda.

Desarrollo sostenible

Según el informe sobre desarrollo sostenible de la ONU del 2023, Noruega obtuvo una puntuación de 82/100, lo que la sitúa en 7ª posición entre los 193 estados miembros. El país obtiene valoraciones altas en parámetros como salud y bienestar, falta de pobreza e igualdad de género; no obstante, y a pesar del progreso en objetivos como la acción por el clima, se ha advertido un declive en materia de producción y consumo responsables.

El cambio climático y los viajes

Es imposible desconocer el impacto de los viajes y la importancia de hacer cambios. Lonely Planet anima a los viajeros a involucrarse en su huella de carbono. Varios calculadores en línea permiten saber las emisiones de carbono que genera un viaje, como resurgence.org/resources/carbon-calculator.html. Muchas aerolíneas y portales de reservas ofrecen compensar el impacto de los gases con iniciativas respetuosas con el clima. Lonely Planet compensa la huella de carbono de todos los viajes de su personal, aunque admite que es un atenuante más que una solución.

Cuatro días perfectos

Día 1

ANNA JEDYNAK/SHUTTERSTOCK ©

Se dedica la mañana al **Museo Nacional** (p. 70), templo de las artes visuales, con un alto en la sala Munch para admirar la versión más impactante de *El grito*.

Tras almorzar en algún restaurante de Aker Brygge junto al muelle, se va a Tjuvholmen para una dosis de arte contemporáneo en el **Astrup Fearnley Museet** (p. 74) antes de contemplar obras al aire libre en **Tjuvholmen Skulpturpark** (p. 80).

Luego se puede pasear por el puerto y escuchar el carillón del **Rådhus** (p. 41; foto) que suena cada hora de camino a la **Akershus Festning** (p. 36). Al terminar la visita, es buena idea cenar comida callejera de calidad en **Hitchhiker** (p. 47) y tomar un cóctel en **Himkok** (p. 48).

Día 2

JWCOHEN/SHUTTERSTOCK ©

Se comienza con un paseo por el arbolado **Slottsparken** (p. 44) y una visita guiada al **Palacio Real** (p. 38) para ver las ornamentadas estancias que oculta su discreto exterior.

Tras un sabroso almuerzo en **Nordvegan** (p. 46), se va al **Museo Munch** (p. 58) para examinar las obras más famosas del artista. Luego se reserva una sesión de sauna flotante en **Oslo Badstuforening** (p. 61) o se toma un refrescante baño en las piscinas de **Sørenga Sjøbad** (p. 61).

Tras maravillarse con el interior de la biblioteca **Deichman Bjørvika** (p. 61), se sube al tejado de la **Ópera de Oslo** (p. 56; foto) a tiempo para la puesta de sol. La velada concluye en **SALT** (p. 66) con una cena informal y un espectáculo.

Día 3

Se empieza en el **Vigelandsparken** (p. 92; foto) para observar todas las emociones humanas que Gustav Vigeland plasmó en asombrosas esculturas de tamaño real y luego se deambula por el resto del **Frognerparken** (p. 100).

Después se toma el tranvía a Grünerløkka para devorar un sándwich caliente en **Løkka Deli** (p. 119), beber un café soberbio en **Tim Wendelboe** (p. 120) y curiosear en las tiendas *vintage* de Markveien y Thorvald Meyers gate.

Al otro lado del río Akerselva aguardan la zona de restauración **Mathallen Oslo** (p. 117) y los cócteles de **Dangerous Club** (p. 119). Se aconseja rematar la noche con una actuación en directo en **Parkteatret** (p. 122) o **Blå** (p. 122).

Día 4

Se toma el T-bane a **Holmenkollen** (p. 88) para disfrutar de vistas panorámicas desde el escultural trampolín de esquí y, si uno se atreve, lanzarse en tirolina en **Kollensvevet Zipline** (p. 89). El **Museo de Esquí** (p. 89) ilustra la milenaria relación de Noruega con la nieve.

Se regresa a Grønland para almorzar en **Punjab Tandoori** (p. 136). Se toma el autobús 30 a Bygdøy (o se baja en el centro para seguir en ferri). Se pasa la tarde explorando el pasado de Noruega en el **Norsk Folkemuseum** (p. 79) o familiarizándose con su historia marítima en los otros museos.

La aventura finaliza tomando un ferri para cenar pescado (previa reserva) en el precioso **Lille Herbern** (p. 83).

Lo esencial

Para más detalles, véase 'Guía práctica' (p. 145)

Moneda
Corona noruega (NOK)

Idioma
Noruego; se habla inglés ampliamente

Visado
No se requiere para ciudadanos de la UE o del espacio Schengen; para los demás, no suele requerirse en visitas de hasta 90 días.

Dinero
Hay cajeros automáticos por doquier. Se prefieren las tarjetas de débito o crédito al efectivo.

Teléfono móvil
Venden tarjetas SIM locales en el aeropuerto, la estación Oslo S y las tiendas 7-Eleven. Los principales operadores son Telenor y Telia.

Hora
Hora Central Europea (GMT/UTC +1)

Propina
Se agradece, pero no se espera. Por un servicio excelente, la apropiada es del 5-15%.

Presupuesto diario

Económico: menos de 2000 NOK

Hotel económico: desde 1250 NOK

Perrito caliente: 30 NOK

Café solo: 40 NOK

Billete sencillo de tranvía, autobús y tren: 40 NOK

Cerveza de barril (0,25 l): 65 NOK

Medio: 2000-3000 NOK

Hotel de gama media: desde 1500 NOK

Café con leche: 50 NOK

Entrada de museo: 150 NOK

Plato principal en restaurante informal: 230 NOK

Copa de vino: 140 NOK

Ferri de ida y vuelta a Bygdøy: 99 NOK

Alto: más de 3000 NOK

Hotel de lujo: desde 2500 NOK

Degustación de nueva cocina nórdica: 750-2000 NOK

Oslo Pass (3 días): 895 NOK

Festival de música: 1250 NOK

Crucero por el fiordo: 590 NOK

Webs útiles

Lonely Planet (lonelyplanet.es/europa/noruega/oslo) Información del destino, reservas y más.

Visit Oslo (visitoslo.com/es) Web oficial de la Oficina de Turismo con información completa y fiable sobre eventos, atracciones, alojamiento, etc.

Osloby (restaurantguiden.osloby.no) Detallado panorama culinario con extensas listas por barrios.

Cómo llegar

Aeropuerto internacional de Oslo-Gardermoen

El aeropuerto de Oslo está 50 km al norte del centro, conectado por el tren de alta velocidad Flytoget y trenes interurbanos y locales de Vy.

Estación ferroviaria Oslo S

Los trenes de Suecia llegan a la estación central; enfrente se halla la parada Jernbanetorget de T-bane, tranvía y autobús.

Terminal de autobuses de Oslo

Punto de partida y destino para autobuses de larga distancia en la planta baja del edificio Galleri Oslo.

Terminal de ferris DFDS

Los ferris de Dinamarca atracan aquí; se puede llegar con el autobús 60.

BRUNOCOELHO/SHUTTERSTOCK ©

Cómo desplazarse

Ruter (ruter.no) gestiona el transporte público.

Tranvía

La amplia red de tranvías está operativa de 5.30 a 1.00 (más tarde vi-do).

Metro

Las cinco líneas de T-bane pasan por Jernbanetorget (enlace con Oslo S) y funcionan de 5.00 a 1.00 (más tarde vi-do).

Autobús

Varias líneas de autobús circulan 24 h, pero con menor frecuencia durante la noche.

Bicicleta

El servicio de **bicicletas compartidas** (oslobysykkel.no) ofrece un pase de 24 h para viajes ilimitados de hasta 60 min en las bicis de sus estaciones.

Barco

Los ferris de Ruter a las islas del fiordo de Oslo zarpan de Rådhusbrygge. El ferri a Bygdøy (nyc.no) sale de Rådhusbrygge 1/plataforma E (fin mar-med oct; no son válidos los billetes de Ruter).

Barrios de Oslo

Frogner y oeste de Oslo (p. 91)

El oeste de Oslo es una zona residencial con maravillosas calles arboladas, un par de atracciones de visita obligada y buenas tiendas.

Aker Brygge y Bygdøy (p. 69)

Aker Brygge es ideal para comer junto al agua y admirar la arquitectura contemporánea, mientras que Bygdøy acoge los mejores museos de Oslo.

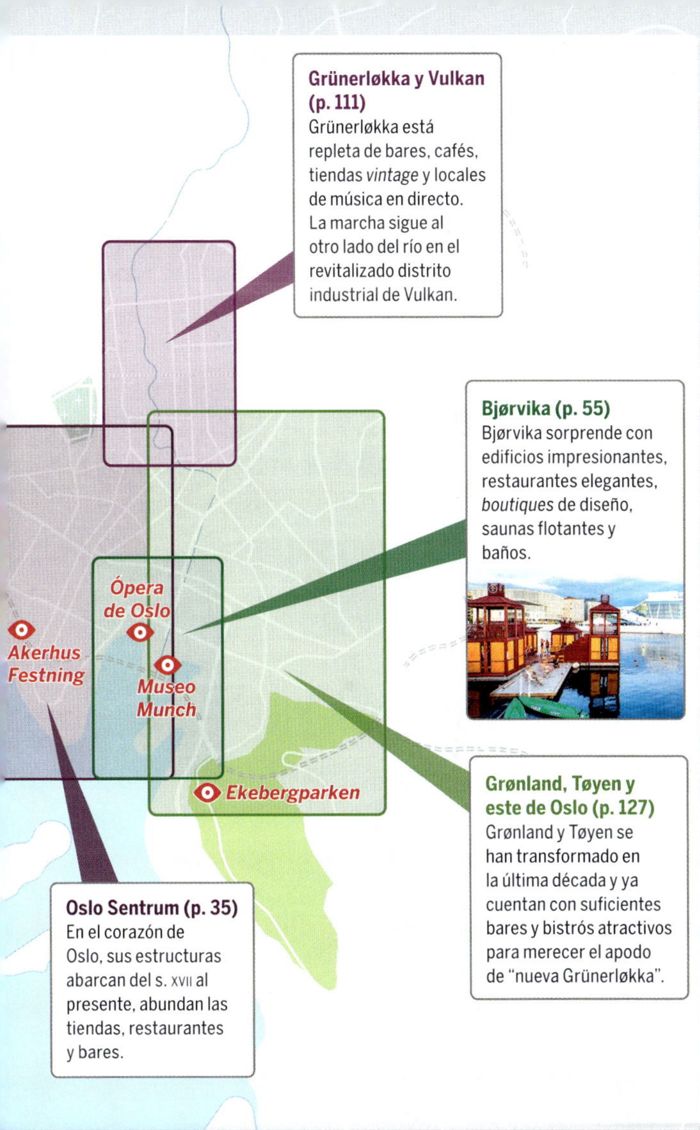

Grünerløkka y Vulkan (p. 111)
Grünerløkka está repleta de bares, cafés, tiendas *vintage* y locales de música en directo. La marcha sigue al otro lado del río en el revitalizado distrito industrial de Vulkan.

Bjørvika (p. 55)
Bjørvika sorprende con edificios impresionantes, restaurantes elegantes, *boutiques* de diseño, saunas flotantes y baños.

Grønland, Tøyen y este de Oslo (p. 127)
Grønland y Tøyen se han transformado en la última década y ya cuentan con suficientes bares y bistrós atractivos para merecer el apodo de "nueva Grünerløkka".

Oslo Sentrum (p. 35)
En el corazón de Oslo, sus estructuras abarcan del s. XVII al presente, abundan las tiendas, restaurantes y bares.

Explorar Oslo

Merece la pena

Circuitos a pie

Rådhus (p. 41). ANNA JEDYNAK/SHUTTERSTOCK ©

Explorar

Oslo Sentrum

El corazón vibrante de Oslo, cuyas estructuras abarcan del s. XVII al presente, tiene mucho carácter y se recorre fácilmente a pie. Los lugareños se desplazan siguiendo su rutina mientras los turistas admiran las señoriales atracciones. La calle principal, Karl Johans gate, traza un eje de este a oeste desde la estación Oslo S hasta el Palacio Real en un barrio lleno de tiendas, restaurantes y bares.

Lo esencial

- ***Akershus Festning (p. 36)*** *Admirar las vistas del fiordo y un castillo renacentista desde esta inmensa fortificación medieval.*
- ***Palacio Real (p. 38)*** *Visitar la elegante residencia neoclásica de la familia real noruega.*
- ***Himkok (p. 48)*** *Beber combinados perfectos en esta discreta coctelería y destilería artesanal.*
- ***Rest (p. 46)*** *Degustar un exquisito menú de varios platos elaborados con alimentos de descarte.*
- ***Fuglen (p. 49)*** *Relajarse con un café o un cóctel en este local con mobiliario estilo 'mid-century modern'.*

Cómo llegar y desplazarse

Los trenes locales e interurbanos llegan a Oslo Sentralstasjon (Oslo S).

M La red de metro T-bane se ramifica desde Jernbanetorget, adyacente a Oslo S.

Casi todas las líneas de tranvía convergen en Jernbanetorget.

Los autobuses 30, 31, 70 y 81 paran cerca del Palacio Real.

Plano de la zona en p. 42.

Akershus Festning (p. 36). GABRIELE_DESSI/SHUTTERSTOCK ©

Las mejores experiencias

Recorrer el interior de la Akershus Festning

Esta imponente fortificación del s. XIII ha sido el sello de identidad de la ciudad durante siete siglos y está a la altura de gloriosos rivales modernos como la Ópera de Oslo y el trampolín de esquí de Holmenkollen. El visitante puede contemplar el fiordo desde las almenas, deambular por el castillo renacentista y descubrir la historia militar noruega en sus museos.

PLANO P. 42, C5

Akershus Festning

https://kultur.forsvaret.no

Kontraskjæret

Fortaleza

En 1299, cuando Oslo se convirtió en la capital de Noruega, la amenaza de invasiones suecas indujo a Haakon V a ordenar la construcción de una fortaleza. Fue el hogar de Margarita I de Dinamarca, desposada de niña con Haakon VI en 1363 y proclamada soberana años después. Ampliada y modificada en varias ocasiones, aún conserva vestigios de su corazón medieval y contiene más de 60 edificios. Se aconseja empezar la visita por la estructura de ladrillo rojo de 1774 que alberga el **centro de visitantes** (Besøkssenteret), con pequeñas exposiciones permanentes y temporales.

Castillo

La fachada medieval de **Akershus Slott** oculta un palacio del s. XVII. Erigido en la época en que Cristián IV rebautizó la ciudad como Cristianía, constituye un bonito ejemplo del Renacimiento nórdico. El circuito por su interior permite visitar una diminuta y siniestra **mazmorra** y una **iglesia** restaurada. En el **mausoleo real** yacen, entre otros, Haakon V y Olaf V, padre del actual monarca. No hay que perderse el **salón de Olaf IV;** el radiante rosetón de Emanuel Vigeland, destruido por una explosión en 1943, se mostró de nuevo en el 2023 tras una laboriosa restauración.

Museo de la Resistencia Noruega

Los invasores nazis usaron esta fortaleza como base militar y prisión. Junto al monumento en honor a los miembros de la resistencia ejecutados en este lugar durante la guerra se emplaza el fascinante **Museo de la Resistencia Noruega** (Norges Hjemmefrontmuseum), que está dedicado a este movimiento tan efectivo y narra su importante historia a través de recuerdos, objetos y textos interpretativos.

★ Consejos

- Las entradas para las visitas guiadas (lu-do jul y ago, sa y do resto del año) se compran en el centro de visitantes.
- El castillo, el Museo de la Resistencia Noruega y el Museo de las Fuerzas Armadas (p. 46) cobran entrada por separado; existe una combinada que permite ahorrar un poco.
- Conviene llevar auriculares para escuchar la audioguía habilitada mediante un código QR del castillo.
- De mayo a septiembre, los guardias desfilan a diario al son de la música a las 13.00.

✕ Una pausa

En la cafetería del Museo de las Fuerzas Armadas sirven café y pastel. Si apetece algo más contundente, se puede ir al amarillo **Kafe Celsius** (kafecelsius.no; Rådhusgata 19), cuya bonita terraza tiene vistas a la escultura del guante de Cristián IV en Christiania Torv.

Las mejores experiencias

Pasear por el Palacio Real

El Palacio Real (Det Kongelige Slott), inaugurado en 1849 y hogar permanente de la realeza noruega desde 1905, es una de las residencias reales más accesibles y relajadas del mundo. Uno puede visitar sus estancias decimonónicas, deambular por las inmediaciones y descansar en Slottsparken, sus exuberantes y laberínticos jardines.

PLANO P. 42, B2

royalcourt.no

Slottsparken 1

Nationaltheatret

Aspecto exterior

Levantada en el montículo Bellevue al final de Karl Johans gate, la sede real de Noruega destila una calma solemne con una fachada de ladrillo estucado de color amarillo pálido y un diseño neoclásico nada ostentosos.

Salas de recepción

Estas salas reflejan diferentes fases en los 25 años de construcción del edificio e incluyen salones grandiosos y comedores ceremoniales. Uno de los más hermosos es la **sala de los pájaros**, usada aún como antecámara donde esperan quienes tienen una audiencia con el rey; completada en 1843, evoca el movimiento romántico nacionalista que cultivaba el amor por la naturaleza y la cultura popular.

Slottsparken

Alrededor del palacio se extiende uno de los primeros y mayores parques (p. 44) de Oslo, una maravillosa y bucólica mezcla de verdes prados y grupos de altos y majestuosos árboles. Proyectado al mismo tiempo que el palacio, se considera un sugestivo ejemplo del ideal romántico de mediados del s. XIX que preserva su naturalidad. Cabe destacar sus tres estanques, parte ya del diseño original.

Realeza noruega

El palacio se edificó por voluntad del monarca Carlos Juan de la casa real sueca de origen francés Bernadotte, pero se habitó de forma continua hasta la independencia de Noruega en 1905, cuando Haakon VII –hasta entonces príncipe Carlos de Dinamarca– fue coronado junto a su esposa Maud. El rey actual, Harald V, es su nieto.

Conocidos por su sentido del humor y su ideología liberal, los miembros de la familia real noruega son apasionados excursionistas y navegantes; la reina también es una fotógrafa de talento y mecenas.

★ Consejos

- La ceremonia del cambio de guardia tiene lugar cada día a las 13.30; es más compleja en verano, cuando incluye la marcha al son de una banda militar.
- Las entradas para visitar el palacio en verano se pueden comprar el mismo día; se pueden reservar en www.ticketmaster.no.
- El Establo de Arte de la Reina Sonia (p. 44), cerca del palacio en Parkveien, acoge arte contemporáneo en un espacio expositivo único.

✕ Una pausa

Lofthus Samvirkelag (lofthussamvirkelag.no; Wergelandsveien 17, Kunstnernes Hus; 🚋 Holbergs plass), dentro de la galería de arte Kunstnernes Hus, sirve *pizzas gourmet* con y sin tomate y vinos fabulosos por copas.

Circuito a pie

Por el señorial centro

Muchos edificios destacados del centro de Oslo se encuentran a lo largo o cerca de Karl Johans gate, calle principal de 1,5 km. Esto facilita idear un itinerario por puntos como una sobria residencia real, el Parlamento, el ayuntamiento, una universidad y varias instituciones culturales con siglos de historia. La ruta, mayormente llana, pasa ante muchos restaurantes y cafés donde reponer fuerzas.

Datos

Inicio Palacio Real

Final Rådhus

Distancia 2,6 km; 2 h

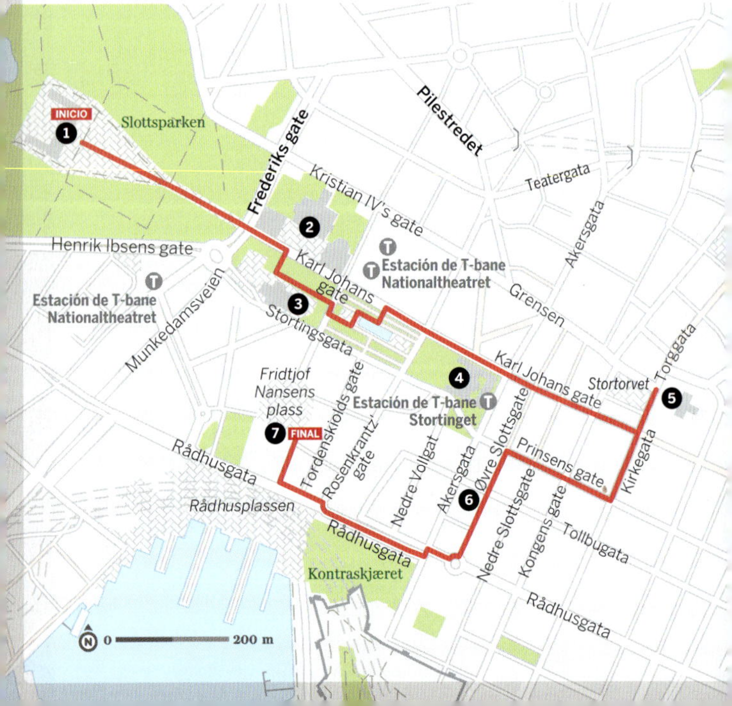

❶ Palacio Real

Vale la pena andar por el frondoso Slottsparken antes de dirigirse al amarillo Palacio Real (p. 38), ante el que se alza la estatua ecuestre de Carlos Juan, rey de Suecia y Noruega entre 1818 y 1844. La avenida arbolada que se extiende al pie de las escaleras acoge las celebraciones en la capital del Día de la Constitución (17 de mayo).

❷ Universidad de Oslo

El magnífico complejo de la **Universidad de Oslo** se inauguró en 1852. Hoy acoge solo la Facultad de Derecho, pero el Aula –edificio central con elevadas columnas neoclásicas– abre determinados días para que el público admire su colección de enormes pinturas de Edvard Munch, especialmente *El Sol* y *Alma Mater*.

❸ Teatro Nacional

El Nationaltheatret (p. 51), diseñado por Henrik Bull y flanqueado por parterres, abrió en 1899. Fuera hay estatuas que homenajean a los inconmensurables dramaturgos Henrik Ibsen y Bjørnstjerne Bjørnson.

❹ Stortinget

Construido en 1866 con ladrillo amarillo, el **Parlamento de Noruega** (Stortinget; stortinget.no; Karl Johans gate 22; 🚋 Øvre Slottsgate) es uno de los más cautivadores de Europa. Dicen que la forma de H de este edificio que se asoma a Eidsvol plass representa unos brazos abiertos al pueblo.

❺ Catedral de Oslo

La **catedral de Oslo** (Domkirke; kirken.no; Stortorvet 1; 🚋 Stortorvet) data de 1697 y en ella destacan los elaborados vitrales de Emanuel Vigeland (hermano de Gustav) y las pinturas del techo realizadas entre 1936 y 1950. El excepcional retablo de 1748, colocado originalmente en la iglesia, se trasladó por todo el país antes de su devolución en 1950.

❻ Sentralen

La antigua sede del Christiania Sparebank rediseñada por Henrik Nissen se remonta a 1849, pero en el 2016 se transformó en el espacio cultural **Sentralen** (sentralen.no; Øvre Slottsgate 3; 🚋 Øvre Slottsgate) mezclando arquitectura tradicional y contemporánea. También acoge instalaciones de seis artistas noruegos, incluido un mural de 10 m de longitud de Vanessa Baird.

❼ Rådhus

El **Rådhus** (ayuntamiento; oslo.kommune.no/oslo-city-hall; Rådhusplassen 1, acceso por Fridtjof Nansens plass; 🚋 Kontraskjæret), finalizado en 1950 para conmemorar el 900° aniversario de la fundación de Oslo, está repleto de homenajes artísticos de mediados de siglo a la cultura noruega. Su austero exterior de ladrillo rojo con dos torres gemelas de estilo funcionalista llama la atención y polariza las opiniones.

A
B
C
D
E
F
1
2
3
4
Uranienborgveien
Inkognitogata
Parkveien
Hegdehaugsveien
Pilestredet
8 Kunstnernes Hus
Wergelandsveien
Slottsparken
Palacio Real
Slottsparken 2
Slottsplassen
3 Establo de Arte de la Reina Sonia
Holbergs gate
Tullins Gate
Pilestredet Park
Wessels gate
Nordahl Bruns gate
Vår Frelsers Gravlund
Ullevålsveien
Akersveien
Fredensborgveien
Brenneriveien
Akerselva
Hausmanns gate
St Olavs plass
St Olavs gate
ST OLAFS PLASS
Thor Olsens gate
Akersgata
Møllergata
Frederiks gate
1 Historisk Museum
Kristian Augusts gate
35
36
23
Pilestredet
CJ Hambros plass
11
Kristian IV's gate
28
Universitetsplassen
Johanne Dybwads plass
Henrik Ibsens gate
IBSEN Museum & Teater 4
Løkkeveien
Arbins gate
Estación de T-bane Nationaltheatret
Munkedamsveien
31
Universitetsgata
Karl Johans gate
Eidsvolls plass
16
38
42
Lille Grensen
Arbeidergata
29
Grensen
Klingenberggata
Stortingsgata
5 Viking Planet
19
37
Stortinget (Parlamento)
Tordenskiolds gate
Rosenkrantz' gate
Cort Adelers gate
Dronning Mauds gate
Ayuntamiento de Oslo (Rådhus)
Rådhusgata
Rådhusplassen
Munkedamsveien
Kontraskjæret
Estación de T-bane Stortinget
Akersgata
41
43
17
15
Tollbugata
Kongens gate
Kirkegata
14
Prinsens gate
Stortorvet
Karl Johans gate
Catedral de Oslo
Biskop Gunnerus gate
Estación de T-bane Jernbanetorget (Oslo S)
Oslo Sentralstasjon (Oslo S)
Centro de visitantes de Oslo
39
40
Møllergata
27
Torggata
Angst
Grubbegata
Youngstorget
12
26
21
Youngs gate
Storgata
Hammersborggata
33
Møllergata
18
24
Mariboes gate
13
Torggata
Osterhaus' gate
22
25
Bernt Ankers gate
20
34
Jødisk Museum 9
Storgata
30
Brugata
Lybekkergata
Stenersgata
32

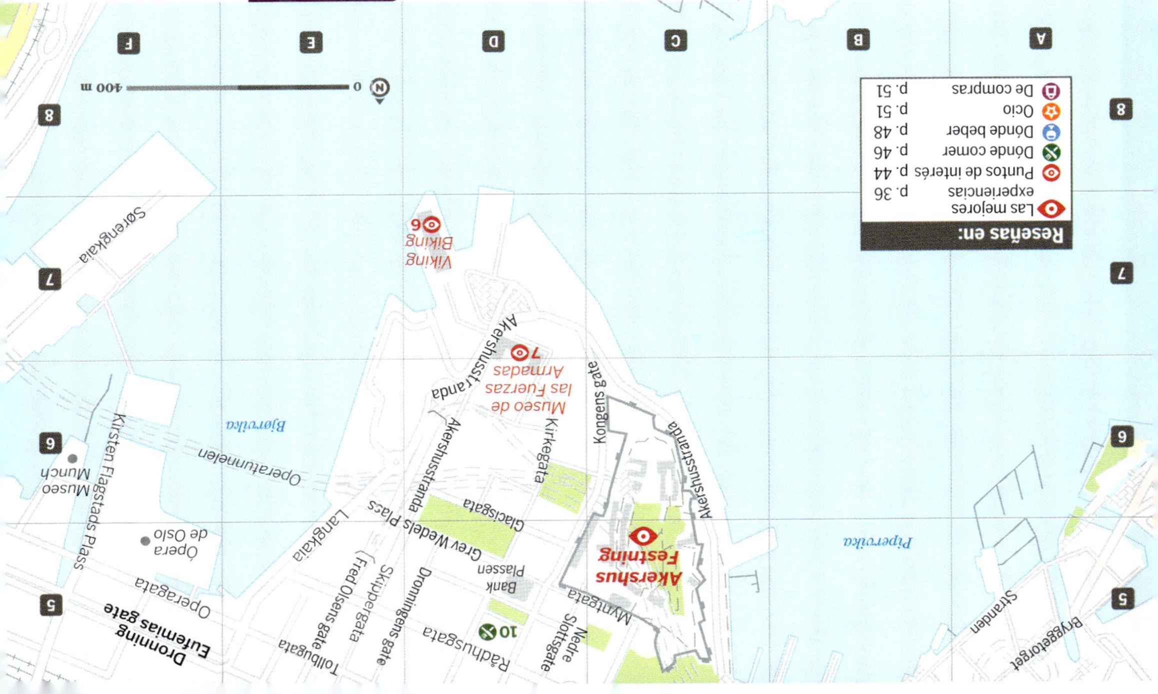
Reseñas en:
Las mejores experiencias p. 36
Puntos de interés p. 44
Dónde comer p. 46
Dónde beber p. 48
Ocio p. 51
De compras p. 51
Akershus Festning
Museo de las Fuerzas Armadas
7
Viking Biking
6
10
Pipervika
Bjørvika
Operatunnelen
Ópera de Oslo
Museo Munch
Dronning Eufemias gate
Operagata
Kirsten Flagstads Plass
Sørengkaia
Langkaia
Tollbugata
Fred Olsens gate
Skippergata
Dronningens gate
Rådhusgata
Grev Wedels Plass
Bank Plassen
Glacisgata
Kirkegata
Akershusstranda
Kongens gate
Myntgata
Nedre Slottsgate
Strandén
Bryggetorget
0
400 m
A
B
C
D
E
F
5
6
7
8

Paraíso invernal

En la céntrica y romántica pista de patinaje sobre hielo al aire libre **Spikersuppa** (oslo.kommune.no; Karl Johans gate; 30, 31, 70, Nationaltheatret, T Stortinget) es posible deslizarse gratis siempre que haga suficiente frío (normalmente finales nov-mar). En el pabellón alquilan patines por 200 NOK. De 9.00 a 10.00 cierran la pista para preparar el hielo.

Puntos de interés

Historisk Museum

MUSEO

1 PLANO P. 42, C2

Parte del Museo Cultural Histórico, el Museo Histórico es la sensacional vitrina *art nouveau* que alberga la mayor colección del país de hallazgos arqueológicos y etnográficos fechados a partir de la Edad de Piedra. Su principal atractivo es la exposición VÍKINGR de la 3ª planta, que cuenta con piezas de la época vikinga en excelente estado de conservación –como espadas, relucientes joyas de oro y plata y un casco del s. x– junto con detalles fascinantes sobre los roles sociales de este pueblo guerrero. (Museo Histórico; historiskmuseum.no; Frederiks gate 2; Tullinløkka)

Slottsparken

PARQUE

2 PLANO P. 42, B2

Se trata de uno de los primeros parques públicos de la capital. Domina el extremo occidental del centro de Oslo y, gracias a prados floridos, estanques con patos y arcadas arboladas, es un lugar fantástico para dar un paseo tranquilo. Pese a la proximidad de la residencia oficial de la familia real (p. 38), no posee una belleza regia, sino natural. (Slottsparken; Nationaltheatret)

Establo de Arte de la Reina Sonia

GALERÍA

3 PLANO P. 42, A2

El antiguo establo del Palacio Real, inspirado en el de Buckingham y utilizado durante medio siglo como almacén, fue reinaugurado como galería pública por la reina Sonia en el 2017 con motivo de su 80º cumpleaños. La encantadora estructura del s. XIX acoge obras de arte contemporáneo pertenecientes a la familia real. Aún se aprecian en la madera los rasguños de los cascos de los caballos. (Dronning Sonja KunstStall; royalcourt.no; Parkveien; Inkognitogata)

IBSEN Museum & Teater

MUSEO

4 PLANO P. 42, A3

En una pequeña exposición multimedia se analizan las obras más célebres del dramaturgo noruego Henrik Ibsen. De visita ineludible es el apartamento en que vivió y trabajó el autor (en el marco de una visita guiada). El estudio se conserva tal como él lo dejó, así como el dormitorio donde pronunció sus famosas y enigmáticas últimas palabras, *"¡Tvert imot!"* (¡al contrario!), antes de fallecer el 23 de mayo de 1906.

Las estancias se han reformado y reamueblado, pero mantienen el carácter genuino de su época. Los informados guías explican de maravilla cómo era tanto la vida cotidiana de Ibsen y su mujer Suzannah como el Oslo de su tiempo. Hasta el 2023, todas las funciones en el menudo y moderno teatro eran en noruego, pero está previsto representar también las obras de Ibsen en otros idiomas. (ibsenmt.no; Henrik Ibsens gate 26; Nationaltheatret)

IBSEN Museum & Teater.

HEMIS/ALAMY STOCK PHOTO ©

Viking Planet

MUSEO

5 PLANO P. 42, C3

El primer museo digital del mundo dedicado a la época vikinga ofrece un recorrido virtual por la Noruega de hace 1000 años con vídeos inmersivos, cronogramas interactivos y hologramas de personajes ficticios. La estrella es *The Ambush (La emboscada)*, galardonada experiencia de vídeo en RV de 12 min que teletransporta a una embarcación vikinga durante una incursión.

Algunas actividades son muy efectistas (como el puesto de selfis con fondo verde), pero la renderización digital de los objetos hallados en los barcos de Gokstad y Oseberg ya justifica la visita. En la práctica, se trata de una detallada muestra digital del Vikingskipshuset antes de su remodelación y, aunque ambas atracciones no están conectadas, no hay mejor forma de acercarse a los tesoros de este museo de Bygdøy hasta que reabra como Museo de la Era Vikinga en el 2026 o el 2027. (thevikingplanet.com; Fridtjof Nansens plass 4)

Viking Biking

CICLISMO

6 PLANO P. 42, D7

Esta iniciativa empresarial es ideal para explorar Oslo sobre dos ruedas, pues organiza salidas guiadas en bici para grupos –incluida una de 3 h por célebres parques y callejuelas de la capital– diseñadas para evitar el tráfico en la medida de lo posible. Ofrece excursiones privadas más largas por bosques, fiordos y playas tocantes a la ciudad. (vikingbikingoslo.com; Akershusstranda 31, edificio 42, terminal de ferris DFDS; 9.30-18.00; 60)

Museo de las Fuerzas Armadas

MUSEO

7 PLANO P. 42, D7

En el lado oriental de la Akershus Festning, el cavernoso Museo de las Fuerzas Armadas está lleno de armas y detalla la historia militar de Noruega desde la Edad Media hasta hoy. Ilustra las batallas libradas en el mar del Norte durante la II Guerra Mundial y una muestra rinde homenaje a los condecorados con la medalla Cruz de Guerra *(Krigskorset)*, máxima distinción del Ejército noruego. (Forsvarsmuseet; kultur.forsvaret.no; Akershus Festning)

Kunstnernes Hus

GALERÍA

8 PLANO P. 42, B1

Dirigida por y para artistas, esta galería independiente ocupa un edificio funcionalista con vistas a Slottsparken y acoge exposiciones y eventos sobre arte y cine contemporáneo. (kunstnerneshus.no; Wergelandsveien 17; Holbergs plass)

Jødisk Museum

MUSEO

9 PLANO P. 42, F2

El pequeño y acogedor Museo Judío de Oslo celebra la cultura judía en Noruega y homenajea a los hebreos de este país asesinados en el Holocausto. Entre las exposiciones destacan *The Jewish Year* (El año judío), que explica los ritos anuales del judaísmo, y *Remember Us Unto Life* (Recordadnos en vida), que documenta las desgarradoras historias de personas deportadas y ejecutadas durante la ocupación nazi y de otras que lograron huir. Hay que llamar al timbre para entrar. (jodiskmuseumoslo.no; Calmeyers gate 15B; Nybrua)

Dónde comer

Rest

NUEVA COCINA NÓRDICA **€€€**

10 PLANO P. 42, D5

El premiado fundador y jefe de cocina Jimmy Øien, concienciado con el desperdicio de alimentos en la industria de la restauración, crea exquisiteces en Rest con ingredientes que se habrían descartado por "imperfectos". El menú de degustación de varios platos se sirve en un patio y es preciso reservar con mucha antelación. (restaurantrest.com; Kirkegata 1)

Nordvegan

VEGANA **€**

11 PLANO P. 42, C2

Este elegante restaurante vegano es tan popular que no está de más reservar mesa. Los platos, de origen 100% vegetal, se preparan al momento e incluyen ensaladas bien presentadas, curris y clásicos reconfortantes como una versión del *shepherd's pie* a base de yaca y setas. Uno puede pedir para llevar o comer en la sala llena de plantas. (nordvegan.no; Kristian IVs gate 15)

Fiskeriet PESCADO €€

12 PLANO P. 42, E3

Este establecimiento es uno de los mejores sitios de Oslo para adquirir productos frescos de mercado. Además, comer junto a los mostradores en un espacio compacto resulta entretenido. Los clientes elogian su *fish and chips* preparado a la perfección, pero también sirven clásico estofado de pescado, ceviche y distintas variedades de ostras. (fiskeriet.net; Youngstorget 2B; Hammersborggata, Storgata)

Arakataka NUEVA COCINA NÓRDICA €€€

13 PLANO P. 42, F2

En una calle secundaria, los chefs de este animado restaurante con cocina a la vista proponen menús fijos y tapas de comida internacional y nórdica de temporada. Los comensales estimulan el paladar combinando sabores como ostras con ají limo o frambuesas con ulmaria y chocolate blanco en una apacible sala decorada con murales. (arakataka.no; Mariboes gate 7)

Rice Bowl TAILANDESA €€

14 PLANO P. 42, D4

Conviene llegar con apetito a esta informal y concurrida cafetería tailandesa de Kvadraturen, pues sirven porciones muy generosas. No faltan recetas típicas como *pad thai* y *pad see ew* y, aunque no exageran con el picante para acomodarse a los gustos locales, los platos son especiados. (ricebowl.no; Kirkegata 20; Kvadraturen)

Hitchhiker ASIÁTICA €€

15 PLANO P. 42, D4

Renovado en el 2023, el restaurante principal del espacio cultural Sentralen se especializa en comida callejera de inspiración panasiática. Ofrece cuatro opciones de almuerzo (como pollo crujiente y fideos de arroz con salsa de cacahuete y jengibre), mientras que en la cena se puede optar por menús de degustación pequeños o grandes con delicias como berenjena horneada con *miso* y sésamo. (hitchhiker.no; Øvre Slottsgate 3; Øvre Slottsgate)

Grand Café NORUEGA €€€

16 PLANO P. 42, D3

Cada día a las 11.00 en punto, Henrik Ibsen iba andando de su apartamento a este local para almorzar arenque. A excepción de tres cuadros de Krohg, quedan pocos detalles de los días de Ibsen en el actual comedor, pero el viajero podrá probar bacalao, entrecot o *risotto* de calabaza emplatados con elegancia. (grandcafeoslo.no; Karl Johans gate 31; Stortinget)

Sentralen Kafé CAFÉ, PIZZA €

17 PLANO P. 42, D4

En el complejo Sentralen, este establecimiento abierto hasta el atardecer se orienta a los numerosos trabajadores *freelance* y de la industria creativa de la zona. Se

¿Oslo o Cristianía?

El danés Cristián IV fue el responsable del aspecto actual de Oslo. El monarca decidió reconstruir la ciudad a los pies de la fortaleza de Akershus para que fuera más fácil de defender y, siguiendo las pautas del Renacimiento tardío, quiso que formara un damero rectangular. Este plan urbanístico, al igual que algunas calles espléndidas del s. XVII, aún se aprecian hoy en la zona llamada Kvadraturen (el cuadrado) que se extiende entre la susodicha fortaleza, la catedral de Oslo, Øvre Vollgate y Skippergata. El rey, en una temprana maniobra de *marketing*, rebautizó la nueva y moderna ciudad como Cristianía (posteriormente escrito con "k"). La capital noruega no recuperó el nombre de Oslo hasta 1925.

puede desayunar pastelito y café o pasar más tarde para pedir un sándwich, la sopa del día o una *pizza* de masa madre al horno de leña. (Øvre Slottsgate 3, acceso por Tollbugata esq. Akersgata; Øvre Slottsgate)

Freddy Fuego

MEXICANA €

18 PLANO P. 42, F2

Los burritos de este establecimiento, servidos en la clásica tortilla o en una cajita, llevan carne marinada a la perfección que se deshace en la boca (o boniato asado si se prefiere una opción vegetariana) y se acompañan con una selección de salsas frescas en progresiva escala de picante. Al catar la salsa Freddy's Revenge junto al mural del luchador mexicano es posible que entren ganas de practicar la lucha libre. (freddyfuego.no; Hausmanns gate 31A; 34, 54)

Dinner

CANTONESA €€

19 PLANO P. 42, C3

Situado muy cerca del Teatro Nacional, este elegante restaurante monocromático sirve *dim sum* y otros clásicos de la gastronomía cantonesa y sichuanesa como pato crujiente o *shuizhu* (ternera hervida con salsa *mala* picante). (dinner.no; Stortingsgata 22; Nationaltheatret)

Far East

ASIÁTICA €€

20 PLANO P. 42, F3

Este pequeño, sencillo y popular local sirve fabulosos fideos, sopas y curris tailandeses y vietnamitas. (Bernt Ankers gate 4; Brugata)

Dónde beber

Himkok

COCTELERÍA, CERVECERÍA AL AIRE LIBRE

21 PLANO P. 42, F3

Una H estarcida en una discreta fachada azul es la única indicación de que se ha llegado a este paraíso para los amantes de los cócteles. En el interior, bármanes veatidos con bata blanca preparan combinados deliciosos a base de vodka, *aquavit* y ginebra de primera calidad destilados *in situ*. La lista de mágicas mezclas se actualiza cada año y los expertos camareros están siempre dispuestos a ofrecer recomendaciones para ayudar a encontrar el nuevo favorito.

Aparte del bar de la destilería con asientos de tono castaño, hay una zona con cócteles "de barril" (para quien no pueda esperar a que le mezclen uno) y un bar al aire libre para las largas tardes veraniegas. (himkok.no; Storgata 27; Storgata)

Papa Borracho

COCTELERÍA

22 PLANO P. 42, F2

Íntima mezcalería con muy buen rollo donde se bebe bajo lámparas colgantes en forma de sombrero mexicano. Se puede elegir entre cócteles mezclados con maestría (como el estupendo Naked and Famous), licores selectos, cervezas embotelladas y Frydenlund de barril. (instagram.com/papa.borracho; Osterhaus' gate 11)

Fuglen

CAFETERÍA, COCTELERÍA

23 PLANO P. 42, D2

Este elegantísimo local ofrece dosis de cafeína desde 1963 servidas en un café perfecto preparado con granos tostados *in situ* y cócteles fabulosos de miércoles a sábado. También hay una reducida oferta

Museo de las Fuerzas Armadas (p. 46).

de vinos y cervezas, incluida la *red ale* con café Fuglen Altbier. Uno puede acomodarse en la sala interior con mobiliario *mid-century modern* o en los asientos de la calle con mantas de lana para los días más fríos. (fuglen.com; Universitetsgaten 2, acceso por Pilestredet; 33)

Crow Bar & Brewery

MICROCERVECERÍA

24 PLANO P. 42, F2

Inmensa y rústica cervecería industrial repartida en dos plantas con una amplia y cambiante selección de cervezas de barril de la casa (IPA, *pale ale, sour* y *stout*) y de otros fabricantes artesanales como HaandBryggeriet, Lindheim Ølkompani o Graff Brygghus. También suele haber sidra de barril y la cocina sirve suculentos kebabs hasta la 1.00. (crowbryggeri.com; Torggata 32; 37)

Torggata Botaniske

COCTELERÍA

25 PLANO P. 42, F2

Este bar semejante a un invernadero por su exuberante variedad de plantas de interior luce también lámparas, candelabros, sillas, espejos y detalles de mármol. La hermosa decoración *mid-century modern* seduce tanto como la carta de bebidas, que incluye algunas de producción propia, otras con fruta fresca y licores de suma calidad. (torggatabotaniske.no; Torggata 17B; Hammersborggata, Brugata)

Kulturhuset

BAR, PUB

26 PLANO P. 42, E3

En este local se aúnan la noción noruega de "cultura" como actividad colectiva e interactiva y la excepcional habilidad de los lugareños para divertirse. En la "casa de la cultura" no solo se puede tomar algo, sino también jugar al *shuffleboard* en la planta superior o asistir a conciertos, fiestas nocturnas, debates y charlas en la parte trasera. (kulturhusetioslo.no; Youngs gate 6; Brugata)

Oslo Camping

BAR

27 PLANO P. 42, E3

En Noruega suele haber distracciones en los bares para evitar los momentos incómodos previos a la desinhibición... En este caso se trata de un campo de minigolf de 18 hoyos. Quizá suene peligrosa, pero la combinación de cerveza barata, palos metálicos y bolas duras resulta muy entretenida. El local también hace las veces de club nocturno y sirve sándwiches a la parrilla. (campingen.no/oslo; Møllergata 12; Stortorvet)

RØØR

CERVECERÍA

28 PLANO P. 42, D3

Reputadas cervezas artesanales (la lista figura en una pizarra), típico ocio noruego con *shuffleboard*, una excelente colección de vinilos y tentempiés de dos pisos. Hay unos 70 tiradores diferentes, así como una buena selección de sidras y vinos por copas. (roor.no; Rosenkrantz gate 4; Tinghuset)

Stockfleths

CAFETERÍA

29 PLANO P. 42, D3

Fundada en 1895, la galardonada cadena de cafeterías Stockfleths es una de las más antiguas de Oslo (la original es esta en Lille Grensen). Se pueden degustar estupendos cafés elaborados con granos tostados por Solberg & Hansen acompañados de pasteles o bollos enormes. (stockfleths.as; Lille Grensen; T Stortinget)

Brewgata

BAR

30 PLANO P. 42, F3

Cálido bar decorado como una cabaña de esquí con una variable oferta de cervezas artesanales de barril nacionales e internacionales como Lervig, Monkey Brew y Holy Goat Brewing que el sábado acoge actuaciones de *rock* y *metal*. (brewgata.no; Brugata 5; Brugata, Lilletorget)

Ocio

Nationaltheatret

TEATRO

31 PLANO P. 42, C3

Con un diseño fastuoso de Henrik Bull, oriundo de Oslo, el Teatro Nacional de Noruega se construyó específicamente para acoger representaciones de obras de Henrik Ibsen, que se ofrecen desde 1899. (Teatro Nacional; nationaltheatret.no; Johanne Dybwads plass 1; Nationaltheatret)

El secreto Strøget

Hay que asegurarse de dar con el pasaje Strøget, situado entre Torggata y Storgata. Es una especie de calle comercial con unos cuantos antros –incluido el oscuro pero acogedor **Angst** (plano p. 42, E3; Torggata 11; Storgata)– y restaurantes informales que no son visibles desde las calles de sus extremos.

Oslo Spektrum

MÚSICA EN DIRECTO

32 PLANO P. 42, F3

En uno de los mayores recintos para conciertos de la ciudad actúan superestrellas internacionales. (oslospektrum.no; Sonja Henies plass 2; T Jernbanetorget)

Revolver

MÚSICA EN DIRECTO

33 PLANO P. 42, E2

Este bar de *rock and roll* oscuro y algo sucio con una sala de práctica para bandas anexa es fantástico para ver actuar a músicos locales y forasteros o simplemente pasar el rato entre su numerosa clientela. (revolveroslo.no; Møllergata 32; 37, Storgata)

De compras

Cappelens Forslag

LIBROS

34 PLANO P. 42, F3

En esta librería especializada en obras raras y de culto, que también sirve café solo, uno puede

El "cuadrado" de la moda

En Kvadraturen –sobre todo en Nedre Slottsgate, Kirkegata y Prinsens gate– se concentran las mejores tiendas de lujo del centro de la ciudad. En esta zona, denominada distrito de moda Promenaden, se mezclan diseñadores nórdicos como Filippa K, Marimekko y Acne Studios con las marcas internacionales de lujo más habituales.

tomar asiento y echar un vistazo a sus primeras ediciones y otras joyas bibliográficas. Además, el local acoge lecturas, presentaciones de libros y conciertos. (cappelensforslag.no; Bernt Ankers gate 4; Brugata)

Christ Engebretsen ARTESANÍAS

35 PLANO P. 42, C2

Esta gigantesca tienda de material artístico es de visita imprescindible para toda persona creativa que se sienta inspirada por la riqueza artística de Oslo. Vende de todo, desde cuadernos de dibujo, pinturas y arcilla para modelar hasta pegatinas y libretas. (tegne.no/aktuelt/christ_engebretsen_pilestredet; Pilestredet 27)

Tronsmo Bokhandel LIBROS

36 PLANO P. 42, C2

Esta librería parecida a un centro social dispone de una buena gama de títulos en inglés y organiza debates y firmas de libros. Cuenta con una sección LGTBIQ+ bien surtida y un sótano repleto de cómics y novelas gráficas. (tronsmo.no; Universitetsgata 12; Tullinløkka)

Råkk og Rålls MÚSICA

37 PLANO P. 42, C3

Una escalera mecánica desciende a esta colosal y laberíntica tienda de vinilos de segunda mano de todos los géneros musicales y muchas décadas, en especial las de 1970 y 1980. También vende CD, pósteres y artículos promocionales *vintage*. (Stortingsgata 8; Stortinget)

Freiabutikken CHOCOLATE

38 PLANO P. 42, D3

El conocido fabricante de chocolate noruego ha pasado a ser propiedad del conglomerado internacional de confitería Mondelēz, pero se pueden comprar los mejores productos de Freia y descubrir parte de la historia de la marca en su acogedora tienda de Karl Johans gate, que abrió sus puertas en 1913. La clientela puede combinar Non Stop de varios sabores, hacer acopio de Kvikk Lunsj o beber chocolate caliente en invierno. (freia.no; Karl Johans gate 31)

Big Dipper MÚSICA

39 PLANO P. 42, E3

Los aficionados a los vinilos encontrarán un verdadero paraíso en esta estupenda tienda de discos que dispone de una amplísima colección de álbumes clásicos junto con los lanzamientos más recientes. Si se programa bien la visita, se puede tener la suerte de coincidir con bandas firmando o tocando en directo. (bigdipper.no; Møllergata 1)

Glasmagasinet GRANDES ALMACENES

40 PLANO P. 42, E3

Estos icónicos grandes almacenes de la ciudad, que datan de 1899, son un auténtico emblema local. Hoy en día, casi todo su espacio comercial ha sido cedido al gigante danés Illums Bolightus, que despliega ante los visiantes una exquisita selección de marcas de diseño escandinavo.(glasmagasinet.no; Stortorvet 9; Stortorvet)

Chocolate Freia.

Steen & Strøm GRANDES ALMACENES

41 PLANO P. 42, D4

Estos lujosos grandes almacenes de seis pisos acogen marcas de grandes diseñadores escandinavos e internacionales como Boss, Filippa K, Gucci y Valentino, además de una sucursal de Vinmonopolet y una modesta zona de restauración en la planta inferior. (steenogstromoslo.no; Nedre Slottsgate 8; Øvre Slottsgate)

Norway Designs MODA Y ACCESORIOS

42 PLANO P. 42, D3

Este proveedor de piezas de diseño nórdico de calidad desde 1957 llama la atención de sus potenciales clientes con bonitos artículos de cristalería y papelería, prendas de ropa, relojes y joyas. (norwaydesigns.no; Lille Grensen 7; Stortinget)

Tom Wood ACCESORIOS

43 PLANO P. 42, D4

El contenido estilo monocromático de esta joyería fundada en Oslo no podría ser más noruego. Sus características piezas gruesas de plata son las protagonistas de la futurista tienda insignia de la marca. (tomwoodproject.com; Øvre Slottsgate 8; Øvre Slottsgate)

BIOTHERM
#GREENKAYAK

Explorar

Bjørvika

La parte oriental del paseo marítimo de Oslo ha cambiado radicalmente en la última década: la magnífica Ópera, otrora joya de un área anodina, es ahora un punto de interés más en un elegante barrio nuevo. Bjørvika sorprende con edificios impresionantes –y controvertidos– como los del Barcode y el Museo Munch, restaurantes elegantes, boutiques de diseño y entretenimiento junto al agua en saunas flotantes y baños.

Lo esencial

- **Ópera de Oslo (p. 56)** *Contemplar el fiordo de Oslo desde el tejado de la joya arquitectónica del estudio Snøhetta.*
- **Museo Munch (p. 58)** *Admirar las obras del artista más célebre de Noruega en este homenaje de 13 plantas a Edvard Munch.*
- **Maaemo (p. 62)** *Descubrir un paraíso gastronómico en el mejor restaurante escandinavo del mundo.*
- **Deichman Bjørvika (p. 61)** *Maravillarse con la arquitectura interior de la biblioteca pública de la ciudad.*
- **Sørenga Sjøbad (p. 61)** *Darse un baño en el fiordo de Oslo.*

Cómo llegar y desplazarse

M La parada Jernbanetorget del T-bane dista 600 m a pie de la Ópera.

Por la parada Bjørvika del tranvía pasan las líneas 13 y 19; casi todas las demás paran en Jernbanetorget.

Basta un breve paseo para ir de la estación Oslo S a la Ópera.

Plano de la zona en p. 60.

Oslo Badstuforening, Langkaia (p. 61). NOWACZYK/SHUTTERSTOCK ©

Las mejores experiencias

Subir al tejado de la deslumbrante Ópera de Oslo

Proyectada por el estudio de arquitectura local Snøhetta en mármol blanco, la Ópera de Oslo se inauguró en el 2008 y enseguida se convirtió en el edificio más icónico de la ciudad. Esta obra maestra del diseño escandinavo parece flotar cual iceberg a orillas del fiordo. Subir a su tejado es una de las experiencias ineludibles en la capital noruega.

PLANO P. 60, B3

operaen.no

Kirsten Flagstads plass 1

Jernbanetorget, Jernbanetorget

Diseño inteligente

El diseño incorpora varios elementos distintivos: el "muro ondulado", rasgo más destacado del interior; el tejado, apodado "alfombra"; y la "fábrica", conjunto de espacios de trabajo funcionales. La estructura, deliberadamente baja para que encaje con la ciudad de forma visual y práctica, se orienta más a la función social que a la escultórica.

Exterior

Unos 36 000 bloques de mármol blanco de Carrara conforman la emblemática silueta inclinada del edificio, que parece emerger del fiordo acariciado por el agua. El ancho y luminoso tejado es ideal para pasear, tumbarse, meditar, reír y sacarse selfis.

Interior

El modesto acceso principal acentúa la inmensidad del vestíbulo, inundado de luz gracias a ventanales de 15 m de altura. El protagonista de este espacio es el elevado "muro ondulado" de roble que da acceso a las plantas superiores, mientras que una instalación de luz diseñada por Olafur Eliasson crea curiosos motivos en la pared opuesta que justifican dar una vuelta por la zona del guardarropa.

Impulso artístico

Atípicamente, los talleres y despachos de los cientos de trabajadores de la compañía nacional de ópera y *ballet* repartidos en varios niveles son una parte integral y visible del diseño (y se pueden visitar). Los detalles conceptuales y artísticos de las producciones resultan fascinantes y recuerdan el motivo del alto precio de la entrada y la naturaleza colaborativa de las representaciones.

★ Consejos

- La **visita guiada** permite echar un vistazo entre bastidores y en algunas de las más de 1000 estancias del edificio.
- Aun sin unirse a la visita, es posible observar los talleres a través de las ventanas de la planta baja, diseñadas para que los lugareños sientan una conexión con la labor llevada a cabo aquí.
- Enfrente, flotando a merced de la marea en el fiordo, se halla la escultura *She Lies* de Monica Bonvicini, inspirada en la pintura *El mar de hielo* de Caspar David Friedrich.

✗ Una pausa

El humilde restaurante de la Ópera, Sanguine Brasserie (p. 65), sirve platos ligeros en un ambiente elegante tanto dentro como en su amplia terraza con vistas al fiordo.

Las mejores experiencias

Comprender al artista más famoso del país en el Museo Munch

Inaugurada en el 2021 como sucesora de la sede anterior en Tøyen, esta mole de 13 plantas está dedicada al artista más prestigioso de Noruega: Edvard Munch. El museo acoge la mayor colección mundial de sus obras, compuesta por unas 28 000 piezas (la mayor parte regaladas a la ciudad por el propio Munch), así como muestras temporales de artistas internacionales.

PLANO P. 60, C3

munchmuseet.no

Edvard Munchs plass 1

Bjørvika

Exposiciones permanentes

El museo divide la colección permanente en cuatro exposiciones que presentan la vida y obra de Munch desde perspectivas diferentes. *Infinite* explora el amor, la muerte, la soledad y otros temas presentes en muchas de las obras más famosas del artista, incluidas *El grito*, *Madonna* y *La danza de la vida*.

Monumental abarca una selección de sus pinturas de mayor tamaño, mientras que *Up Close* se centra en sus xilografías.

Mediante instalaciones de luz y sonido, la inmersiva *Shadows* repasa la biografía de Munch con especial énfasis en el tiempo transcurrido en Ekely, su residencia a las afueras de Oslo.

'El grito'

El cuadro de 1894 *El grito* (en noruego, *Skrik*), uno de los motivos artísticos más conocidos del mundo, expresa una profunda sensación de tormento y temor existencial a través de una figura que sufre bajo un arremolinado cielo rojo. Existen varias versiones, tres de las cuales se conservan aquí: una pintura, un grabado y un dibujo. En aras de minimizar el daño causado por la luz a estas frágiles obras, se ha optado por mostrarlas de forma rotatoria en la exposición *Infinite* (la versión cambia cada 30 min).

Muestras temporales y eventos

El catálogo de Munch se explora también en muestras temporales que complementan las exposiciones permanentes, a veces junto a obras de otros artistas como Goya.

Además de a oficinas y laboratorios de conservación, el espacio de este enorme museo se dedica a eventos y exposiciones itinerantes sobre artistas internacionales como Alice Neel y Admir Batlak.

★ Consejos

- Se realizan estrictos controles de seguridad: las bolsas pequeñas se inspeccionan y las grandes se deben dejar en la consigna.
- Las audioguías multilingües son incómodas, pero vale la pena pagar 49 NOK más para comprender mejor varias de las obras expuestas.
- *The Mother*, escultura de bronce de 9 m de altura que representa a la madre de Munch arrodillada ante el museo, es obra de la británica Tracey Emin.

✕ Una pausa

Hay una buena selección de bebidas calientes y frías, pasteles y bocados en la cafetería de la planta baja. Quien desee evitar aglomeraciones puede encaminarse hacia Operagata y degustar en Koie Ramen (p. 64) un sustancioso bol de fideos.

A
B
C
D
1
2
3
4
5
6
Catedral de Oslo
Biskop Gunnerus gate
Estación de T-bane Jernbanetorget (Oslo S)
Karl Johans gate
Dronningens gate
Skippergata
Centro de visitantes de Oslo
Oslo Sentralstasjon (Oslo S)
Schweigaards gate
Østre tangent
Prinsens gate
Tollbugata
Fred Olsens gate
Nyalandsveien
Deichman Bjørvika
1
Operagata
Dronning Eufemias gate
Trelastgata
Rostockgata
16
13
15
5
Kunsthall Oslo
Langkaia
21
BJØRVIKA
19
Ópera de Oslo
Kirsten Flagstads Plass
Operagata
11
23
27
9
Fjords
22
12
25
8
26
18
QSPA
VI, VII
24
4
7
14
Operatunnelen
Mad Goats
Museo Munch
Bjørvika
Bispevika
Kong Håkon 5s gate
6
20
Oslo Badstuforening
2
Fotografihuset
17
Sørengkaia
Operatunnelen
Sørenga Sjøbad
3
10
DNT Friluftshuset
0
200 m
Reseñas en:
Las mejores experiencias p. 56
Puntos de interés p. 61
Dónde comer p. 62
Dónde beber p. 65
Ocio p. 66
De compras p. 66

Puntos de interés

Deichman Bjørvika ARQUITECTURA

1 PLANO P. 60, B2

La biblioteca de seis plantas Deichman Bjørvika ofrece libros, eventos, talleres, películas, cursos y espacios de reunión a los habitantes de Oslo. Ideado por las firmas Lundhagem y Atelier Oslo, el sorprendente diseño en voladizo de la estructura maximiza su superficie manteniendo la discreción. Al entrar, es inevitable levantar la mirada hacia las esquinas dinámicas y texturas contrastantes iluminadas por tres enormes claraboyas. Deambular por el edificio es un placer, pues esconde inesperadas instalaciones artísticas y cortometrajes en salas minúsculas cual perlas.

En la 2ª planta, destaca *Plantas hablantes* (Plantenes Stemmer) de Simone Hooymans, instalación animada con ilustraciones de temática botánica y un paisaje sonoro sobrenatural. (deichman.no/bibliotekene/bjørvika; Anne-Cath. Vestlys plass 1)

Oslo Badstuforening SAUNA

2 PLANO P. 60, B4

Accesibles saunas flotantes –grandes y pequeñas– en Langkaia y Sukkerbiten. (oslobadstuforening.no; Nylandsveien 28, Sukkerbiten; Bjørvika)

Sørenga Sjøbad BAÑOS

3 PLANO P. 60, B6

Cientos de personas se agolpan en estos baños los calurosos días de verano, pero semejante oasis flotante es popular todo el año con playa, piscina en el fiordo, plataformas de saltos, piscina infantil y un gran espacio verde para relajarse. (oslo.kommune.no; Sørengkaia; Bjørvika)

Mad Goats KAYAK

4 PLANO P. 60, C3

El viajero puede realizar un circuito en kayak de 2 h por el muelle con instructores experimentados y entusiastas o apuntarse al curso introductorio *våttkort* ("tarjeta mojada") de 3 h que ofrece esta agencia para poder alquilar kayaks luego. Otras opciones incluyen una excursión por el río Akerselva que sale del parque Grünerhagen y el alquiler de material de surf de remo. La sede está detrás del Museo Munch. (madgoats.no; Operagata 49; Bjørvika)

Kunsthall Oslo GALERÍA

5 PLANO P. 60, D3

Este espacio artístico sin ánimo de lucro presenta una interesante agenda con obras de artistas contemporáneos nacionales y foráneos, incluidos encargos especiales. (kunsthalloslo.no; Rostockgata 2-4; Bjørvika, Middelalderparken)

Fotografihuset GALERÍA

6 PLANO P. 60, B4

Esta tosca galería al aire libre con suelo de grava justifica el desvío hasta Sukkerbiten para admirar colecciones fotográficas que invitan a reflexionar. Las exposiciones cambian cada mes, pero las imágenes suelen explorar la relación entre el ser humano y la naturaleza. Entre los fotógrafos invitados cabe citar a Giulia Mangione y Stephen Gill. (fotografihuset.no; Sukkerbiten; Bjørvika)

VI, VII

GALERÍA

7 PLANO P. 60, D3

Reputada galería independiente que apuesta por talentos prometedores como la artista conceptual Doris Guo y el pintor Trevor Shimizu. (vivii.no; Operagata 75A; Bjørvika, Middelalderparken)

QSPA

GALERÍA

8 PLANO P. 60, C3

Establecido en el 2011 para promover las artes gráficas, el Premio de impresión Queen Sonja se ha otorgado a artistas internacionales como la finesa Tiina Kivinen y la franco-marroquí Yto Barrada. El moderno y luminoso espacio expositivo de Bispevika acoge una selección de obras de ganadores anteriores y algunas de la propia reina Sonia. (queensonjaprintaward.no; Operagata 63B; Bjørvika)

Fjords

CRUCERO

9 PLANO P. 60, A3

Con un diseño que evoca la Ópera de Oslo, el catamarán eléctrico *Legacy of the Fjords* realiza cruceros de 90 min que permiten navegar en silencio ante monumentos como la Akershus Festning y entre las bonitas y boscosas islas del fiordo de Oslo. La embarcación zarpa varias veces al día y ofrece una audioguía disponible a través de una *app* (hay wifi gratis a bordo). (thefjords.no; Langkaia 1; Jernbanetorget)

DNT Friluftshuset

AL AIRE LIBRE

10 PLANO P. 60, B5

DNT organiza circuitos guiados en kayak por el muelle y cursos *våttkort* ("tarjeta mojada") de 3 h o un fin de semana para poder alquilar kayaks luego. También tiene material de surf de remo, un rocódromo y una tienda de mapas y equipamiento. El atento personal aconseja actividades al aire libre en Oslo y sus alrededores. (friluftshuset.dntoslo.no; Sørengkaia 124)

Dónde comer

Maaemo

NUEVA COCINA NÓRDICA €€€

11 PLANO P. 60, C3

Comer aquí implica un dispendio significativo, pero quien se lo pueda permitir no se arrepentirá de catar los 15 platos de Esben Holmboe Bang que componen una de las propuestas culinarias más potentes del mundo, merecedora de tres estrellas Michelin y otros galardones.

La experiencia empieza con varios tentempiés exquisitos en la elegante sala de la planta inferior y continúa en el espacioso comedor de la superior. Como cabe esperar, el servicio y la carta de vinos son intachables. Se puede optar por el maridaje con vino

La sauna

Calor saludable

La cultura de la sauna no está tan instaurada como en Finlandia, pero se está popularizando también en Noruega. Oslo Badstuforening cuenta ya con miles de miembros, lo cual evidencia que la idea gusta. La sauna tiene numerosos beneficios para la salud corporal y mental. Al entrar y salir repetidamente y aceptar el efímero malestar que produce el cambio de temperatura, uno aprende a regular dicho estrés y el de la vida cotidiana, pues el cuerpo y la mente incrementan su resiliencia y saben cómo reaccionar y mantener el control.

Hidratación y presencia

Es vital llevar una botella de agua para mantenerse hidratado. Yo siempre recomiendo reflexionar, concentrarse en la respiración y escuchar al cuerpo para percibir las necesidades reales, que cambian a diario. Incluso con mucha experiencia, algunas veces uno permanece a gusto en la sauna a pesar del calor terrible y otras –por falta de sueño o cualquier otro motivo– no soporta esa misma intensidad. En mi opinión, no se trata de una cuestión de ego: si el cuerpo lo pasa mal tras cinco minutos, hay que escuchar las señales. Marcarse objetivos es positivo, pero conviene ser flexible y mantenerse presente para disfrutar de la mejor experiencia posible.

Conexión con el yo interior y los demás

Para mí, la sauna es una actividad de invierno porque me gusta el contraste extremo entre calor y frío. No solo se lidia con el gélido clima, sino también con la oscuridad y la depresión invernal. Está bien disponer de un espacio para meditar y socializar; el pueblo noruego no es precisamente extrovertido (a menos que haya alcohol de por medio), pero, por alguna razón, cuando uno está en la sauna, sudado y medio desnudo, empieza a charlar y a veces logra entablar relaciones con otras personas. Es algo bueno, algo necesario. Una buena sesión de sauna no deja espacio a la seriedad o la antipatía.

Recomendación de Joachim Christie, badstumester *(maestro de sauna) en Oslo Badstuforening (p. 61) e instructor del método Wim Hof.*

Biblioteca del Futuro

La artista escocesa Katie Paterson concibió una cápsula del tiempo literaria. Para hacer realidad el proyecto Biblioteca del Futuro, se plantaron 1000 árboles en el bosque de Nordmarka, al norte de Oslo; cuando haya transcurrido un siglo, dichos árboles se talarán para transformar el papel obtenido en libros que, uno al año, distintos autores de renombre –hasta ahora la lista incluye a Margaret Atwood, Karl Ove Knausgård y la mexicana Valeria Luiselli– están escribiendo en secreto. Las obras se publicarán en el 2114 y hasta entonces se añadirá anualmente un nuevo manuscrito a su propio cajón cerrado con llave en la Sala Silenciosa construida expresamente en madera en la última planta de la biblioteca Deichman Bjørvika (p. 61) y abierta al público.

(desde 2700 NOK) o con zumo (1400 NOK). (maaemo.no; Dronning Eufemias gate 23; Bjørvika)

Koie Ramen

RAMEN €

12 PLANO P. 60, C3

Muy cerca del Museo Munch, sirve sabrosos y contundentes boles de *ramen* con *gyoza* y otros acompañamientos, así como unos fabulosos *sakés*. Se toma asiento en uno de los taburetes del minimalista comedor y se sorbe *tonkotsu ramen* (fideos en caldo con panceta, maíz, huevo y cebolleta). (koieramen.no; Operagata 39; T Bjørvika)

Barcode Street Food

COMIDA CALLEJERA €

13 PLANO P. 60, C2

Perfecta cuando a cada uno le apetece algo distinto, esta zona de restauración adornada con luces de neón en el Barcode se especializa en comida callejera como tacos, *poke* y *pizza*. Hay muchos asientos, por lo que entre semana se llena de oficinistas a la hora del almuerzo. (barcode-streetfood.no; Dronning Eufemias gate 14; Bjørvika)

Mike's Corner

SÁNDWICHES €

14 PLANO P. 60, D3

Esta cafetería pintada de colores vistosos sirve bocadillos suculentos –como el de carne de buey con mayonesa de albahaca tailandesa y verduras encurtidas y el de pollo frito en panko con parmesano, *mozzarella* y salsa– que bajan mejor con una cerveza o un refresco. También acoge eventos, como concursos de preguntas y monólogos cómicos, y vende sus propios artículos promocionales. (instagram.com/mikescorner; Operagata 77D)

Stock

INTERNACIONAL €€€

15 PLANO P. 60, C2

Con un glamur informal, combina la elegancia de los ventanales con la calidez de la madera y las baldosas decorativas. Su refinada carta de temporada a base de modernos platos noruegos incluye mezclas de sabores como trucha del fiordo de Noruega fermentada con tortitas de patata y crema agria o ciervo de Røros con salsifí y col de Bruselas. (stockoslo.no; Dronning Eufemias gate 14; Bjørvika)

Vaaghals

NORUEGA €€€

16 PLANO P. 60, C2

Este intrigante restaurante, que apuesta por la tradición noruega de compartir la comida *(skifte)*, aúna un emplazamiento y un entorno contemporáneos con ingredientes rústicos muy típicos del país como carne curada, vísceras, pescado salvaje y hierbas y hortalizas recolectadas. (vaaghals.com; Dronning Eufemias gate 8; Bjørvika)

Sanguine Brasserie.

Bun's

HAMBURGUESAS €€

17 PLANO P. 60, C5

Establecimiento con vistas estupendas y cómodo acceso a la playa que sirve gigantescas hamburguesas clásicas, quesadillas, opciones vegetarianas y, para exagerar, patatas fritas con trufa o un montón de queso. (buns.no; Sørengkaia 71; Bjørvika)

Dónde beber

Talormade

CAFÉ, DÓNUTS

18 PLANO P. 60, C3

La elección de los colores no hace justicia a la seriedad con que preparan el café. Talor Browne, antigua responsable de tostar los granos en Tim Wendelboe, combina café excepcional con un toque divertido y caprichoso. Los esponjosos dónuts, ya sean con glaseado clásico o con sabor a palomitas al caramelo salado, endulzan la mañana o la tarde a cualquiera. (talormade.no; Operagata 69; Bjørvika)

Sanguine Brasserie

BAR, BISTRÓ

19 PLANO P. 60, B3

Este encantador y diáfano espacio frente al fiordo es ideal para tomar algo con vistas a la Ópera. Se pueden reservar bebidas y refrigerios para los intermedios de las representaciones. La carta incluye especialidades noruegas y propuestas internacionales elaboradas con productos excelentes y emplatadas de maravilla. (sanguinebrasserie.no; Kirsten Flagstads plass 1, Ópera de Oslo; Jernbanetorget, T Jernbanetorget)

Sukkerbiten CERVECERÍA AL AIRE LIBRE

20 PLANO P. 60, B4

Cuando hace sol, esta vasta cervecería al aire libre junto al muelle se llena de alegres juerguistas, pero la falta de cobijo reduce su popularidad cuando el voluble tiempo empeora. (facebook.com/Sukkerbiten; Sukkerbiten; Bjørvika)

Ocio

Ópera de Oslo ÓPERA

21 PLANO P. 60, B3

Uno de los ejemplos de arquitectura contemporánea más espectaculares de Noruega, la Ópera de Oslo (p. 56) acoge excelentes representaciones de ópera y *ballet*. Quien llegue pronto quizá logre una de las pocas entradas sin asiento de 100 NOK disponibles para cada función. Los menores de 30 años tienen un 50% de descuento en las de más de 300 NOK. (Den Norske Opera & Ballett; operaen.no; Kirsten Flagstads plass 1; Jernbanetorget, T Jernbanetorget)

SALT CENTRO ARTÍSTICO

22 PLANO P. 60, A3

Este conjunto de edificios piramidales, que recuerdan las rejillas para el secado del pescado de la costa noruega, es un centro dedicado a la cultura y el entretenimiento con comedia, música, DJ y cine. Uno también puede usar las saunas, acomodarse bajo las lucecitas en los sofás y las sillas *vintage* del bar o picar algo de las gastronetas en la terraza que se asoma al muelle.

La idea era que estuviera en Oslo solo un año, pero ha recibido permiso para permanecer hasta el 2028. (salted.no; Langkaia 1; Jernbanetorget)

De compras

Annis Oslobukta ALIMENTACIÓN

23 PLANO P. 60, D3

Acúdase a este proveedor de *pølse* (salchichas) para sumarse al pasatiempo veraniego favorito entre los lugareños: las barbacoas al aire libre. Además de salchichas *gourmet* (como las de cheddar y jalapeño), esta excepcional carnicería y charcutería vende cortes de suma calidad de ternera, cordero y cerdo junto con carnes curadas. Asimismo, dispone de condimentos, mieles y quesos soberbios. (polsemakeri.no; Dronning Eufemias gate 37; Bjørvika)

Devold PRENDAS DEPORTIVAS Y DE EXTERIOR

24 PLANO P. 60, C3

Los noruegos aficionados al deporte al aire libre confían desde hace más de 170 años en clásicos suéteres de lana, capas interiores de merino, calcetines, gorros y otras prendas calentitas

Barcode

Las 12 elevadas estructuras que engloba el proyecto Barcode sobresalen en el perfil urbano de Oslo desde su finalización en el 2016. Alternando tonos oscuros y claros para evocar un código de barras (de ahí el nombre), los edificios fueron diseñados individualmente por diferentes firmas de acuerdo con un plan general: cada uno tiene una arquitectura única, pero se combinan para formar un todo cohesionado. Al principio no había nada entre el Barcode y el fiordo, pero, tras el desarrollo de Bjørvika, el mejor sitio para apreciar el efecto global del proyecto es el *Akrobaten*, puente peatonal sobre las vías férreas que llevan a la estación Oslo S. Se aconseja cruzar el puente a pie contemplando el panorama y pasear luego entre las torres para examinar sus características. Aparte de oficinas de grandes empresas nacionales e internacionales como Deloitte, el Barcode abarca apartamentos, tiendas, restaurantes y galerías entre las que destaca Kunsthall Oslo (p. 61), pequeño espacio sin ánimo de lucro. Durante la fase de planificación hubo una feroz oposición local, pero una década después el Barcode se ha convertido en una parte integral de Bjørvika que no desaparecerá.

de Devold; no es ropa económica, pero sí muy duradera. Todo ello está disponible en la tienda insignia de Bjørvika. (devold.com; Operagata 43)

Holzweiler — MODA Y ACCESORIOS

25 PLANO P. 60, C3

La sucursal en Oslobukta de la principal casa de moda noruega Holzweiler tiene lo último de los maestros del escultural y cómodo chic nórdico. (holzweileroslo.com; Operagata 61D)

Norwegian Rain — MODA Y ACCESORIOS

26 PLANO P. 60, D3

La mejor marca de alta costura de Bergen crea los impermeables más codiciados del mundo. Su tienda en Oslo vende la gama completa, así como los bolsos, zapatos y trajes de lana del director creativo T-Michael. (norwegianrain.com; Operagata 75C; Bjørvika)

Dapper Oslo — ROPA

27 PLANO P. 60, D3

Dapper tiene la solución para los caballeros que necesiten reponer fuerzas tras buscar entre una cuidada selección de ropa de diseño: dentro, junto a las camisas de Acne Studios, las zapatillas de Kenzo y Veja y los productos para el cuidado de la piel masculina, hay un sofisticado bistró que sirve desde tostadas con setas hasta pierna de cordero. (dapper.no; Operagata 36; Bjørvika)

Astrup Fearnley
Museet

Explorar

Aker Brygge y Bygdøy

Aker Brygge y su extremo insular, Tjuvholmen (isla del Ladrón), invitan a pasear con la caricia de la brisa, comer junto al agua y admirar arquitectura contemporánea, sobre todo si hace sol. También está el fenomenal Museo Nacional. Más al oeste (y accesible mejor en ferri), la bonita, residencial y rural península de Bygdøy acoge algunos de los museos más populares y genuinos de la ciudad.

Lo esencial

- ***Museo Nacional (p. 70)*** *Perderse admirando la mayor colección de arte y diseño del país.*
- ***Astrup Fearnley Museet (p. 74)*** *Ahondar en la mejor muestra de arte contemporáneo internacional de Noruega.*
- ***Tjuvholmen Skulpturpark (p. 80)*** *Descubrir esculturas contemporáneas junto al fiordo de Oslo.*
- ***Norsk Folkemuseum (p. 79)*** *Explorar las épocas de la vida cotidiana y la arquitectura vernácula noruega.*
- ***Museo Marítimo de Noruega (p. 79)*** *Familiarizarse con la historia marítima de la nación.*

Cómo llegar y desplazarse

La línea 12 del tranvía pasa por Aker Brygge.

El ferri Bygdøy (nº 91) zarpa de Rådhusbrygge 3 cada 30 min y atraca en los muelles de Dronningen y Bygdøynes (fin mar-oct).

El 30 para ante todos los museos de Bygdøy y Huk, y el 21 enlaza con Tjuvholmen vía Grünerløkka y St. Hanshaugen.

Plano de la zona en p. 78.

Astrup Fearnley Museet (p. 74). ASTRUP FEARNLEY MUSEET/EINAR ASLAKSEN ©

Las mejores experiencias

Admirar obras maestras noruegas en el Museo Nacional

Tras más de una década en construcción, el Museo Nacional de Noruega se inauguró en el 2022 para albergar arte y diseño tradicional y moderno bajo un techo diseñado por Kleihues + Schuwerk. La colección principal, ordenada cronológicamente, se expone en 86 salas distribuidas en dos niveles, mientras que la Sala de la Luz de la 3ª planta acoge exposiciones temporales sobre artistas nacionales y foráneos.

PLANO P. 78, F2

Nasjonalmuseet

nasjonalmuseet.no

Brynjulf Bulls plass 3

Aker Brygge

Artes decorativas, artesanía y diseño

En la planta baja se agrupan cronológicamente objetos preciosos que abarcan de la Antigüedad al presente en salas temáticas como *Serving the Faith* (sala 3) y *Everything Norwegian is Danish* (sala 6) avanzando a través del tiempo hasta explorar el diseño del s. XX en Noruega y más allá. Se examina el impacto de factores como la invención de la imprenta, el comercio internacional y la industrialización mientras se invita al visitante a reflexionar sobre cuestiones como la capacidad de las máquinas para crear cosas hermosas (sala 15). Por su parte, *Instant Impact* (sala 22) y *Screen Time* (sala 25) se centran en el diseño gráfico y el entorno digital.

Roperos reales

Desde que se independizó de Suecia en 1905, Noruega ha tenido dos reinas: Maud (1905-1938) y Sonia (desde 1991). *Two Queens Meet* (sala 31) presenta sus decisiones sartoriales, incluidos sendos vestidos de coronación, en el contexto de sus funciones oficiales, si bien las exquisitas prendas son dignas de admiración simplemente por su belleza.

Bellas artes

En la planta de encima, la colección de bellas artes incluye obras maestras de grandes artistas noruegos como Edvard Munch, Johan Christian Dahl, Christian Krohg y Frits Thaulow junto a otras de colosos internacionales como Pablo Picasso, Vincent Van Gogh y Claude Monet. De nuevo, las obras se organizan cronológica y temáticamente: p. ej., los viajes de artistas noruegos a finales del s. XVIII y principios del s. XIX cobran vida en *The Making of an Artist* (sala 40), mientras que la tendencia de usar el arte para suscitar debates sobre cuestiones sociales se explora en *Stand Up for Justice* (sala 57).

★ Consejos

- La *app* del Museo Nacional sugiere recorridos y contiene excelentes materiales audiovisuales sobre algunas de las obras más destacadas.
- Quien disponga de un Oslo Pass válido para múltiples días (p. 150) podrá repartir la visita en varias jornadas en lugar de intentar verlo todo de golpe.
- Hay un fósil en el suelo de caliza al pie de las escaleras que conducen a la Sala de la Luz.

Una pausa

El alegre **Bollebar** (bollebar.no; Brynjulf Bulls plass 2; Aker Brygge), de color pastel, se ubica frente al museo y se especializa en *boller* (panecillos dulces) con coloridos aderezos y rellenos que aportan un subidón de azúcar. También sirve café de Tim Wendelboe y alternativas saladas más sustanciosas.

En esta planta también se exhibe arte contemporáneo nacional e internacional que va de los años sesenta a la actualidad, como las psicodélicas ilusiones de *op art* en *Optical Shock* (sala 78) y la inmersiva y extrañamente conmovedora recreación de un apartamento en *The Garbage Man* (1988-1995) de Ilya Kabakov.

'Friso de la vida'

A pesar de que Edvard Munch tiene su propio museo en Bjørvika (p. 58), la concisa selección de obras suyas expuestas en la sala 60 se cuentan entre las más alabadas del artista. Estas pinturas, que representan "personas vivas que respiran y sienten y sufren y aman", se engloban bajo el título *Friso de la vida* e incluyen la sensualmente ambigua *Madonna* (1894), la afligida *Niña enferma* (1885-1886) y la inquietante y reconocible cara de *El grito* (1893) en la versión más impactante de las cuatro presentes en Oslo.

Sala de la Luz

El museo está coronado en la 3ª planta por la Sala de la Luz; con 2400 m², se diseñó para acoger exposiciones temporales y se inspiró en el Partenón de Atenas. La cualidad casi translúcida de los muros exteriores se logró intercalando láminas de mármol de 4 mm entre dos paneles de vidrio, mientras que el sistema de iluminación, infinitamente ajustable y visible por dentro y por fuera, está compuesto por 9000 luces led de bajo consumo.

En la Sala de la Luz se han exhibido obras de artistas como la pintora noruega Harriet Backer y el ceramista y artista plástico británico Grayson Perry.

Exploración en familia

Quien acuda con niños encontrará 32 bancos de actividades, cada uno con objetos diferentes que despiertan la imaginación de los pequeños y tarjetas con preguntas que invitan a reflexionar y debatir (p. ej., "¿Dónde radica la belleza de una obra de arte?"). Las zonas de dibujo en las salas 2, 12 y 55 permiten dar rienda suelta a la creatividad (y sentarse un rato), mientras que la *app* del museo incluye una biblioteca de óptimas audioguías para ayudar a los peques a comprender las piezas más peculiares.

'Pile o'Sápmi Supreme'

En el vestíbulo destaca *Pile o'Sápmi Supreme* (2017), de la artista sami Máret Ánne Sara, consistente en 400 cráneos de reno –cada uno con un orificio de bala– dispuestos para formar la bandera del pueblo sami. La artista la creó después de que su hermano, pastor de renos, se viera obligado a sacrificar la mayor parte de su rebaño por los límites impuestos por el Gobierno sobre los animales permitidos en cada zona de pastoreo y condena las injusticias que sufre el pueblo sami.

Diseño del museo

El estudio de arquitectura berlinés Kleihues + Schuwerk concibió un diseño atemporal y discreto con forma de L para el Museo Nacional, cuya fachada está revestida con 28 000 m^2 de pizarra texturizada de Oppdal. En palabras de Klaus Schuwerk, "los materiales deberían resistir el paso del tiempo para que el edificio envejezca con dignidad".

Pero no todo el mundo lo entendió: el Museo Nacional fue votado como el edificio más feo de Noruega en una encuesta realizada por Arkitektopprøret (Rebelión Arquitectónica) poco después de su inauguración.

Salas adecuadas

Más allá de las opiniones sobre el exterior, el interior refleja una meticulosa planificación para acomodar con flexibilidad los más de 5000 objetos que se exhiben a la vez. Antes de colocar la primera piedra, los arquitectos trabajaron con técnicos y responsables del museo para catalogar el tamaño de cada pieza y garantizar así que las salas de exposición fueran adecuadas.

Cromatismo contra el tedio

El museo ocupa una superficie de 54 600 m^2, equivalente a ocho campos de fútbol. Por muy fascinantes que sean las obras expuestas, un espacio tan vasto podría generar "fatiga de museo". Por suerte, aquí es improbable sufrirla gracias a técnicas de diseño –incluidos esquemas de colores elegidos cuidadosamente– que ayudan a crear una diferencia visual sutil, pero efectiva, entre las estancias para combatir el aburrimiento.

Las mejores experiencias

Descubrir artistas contemporáneos en el Astrup Fearnley Museet

En un emplazamiento bellísimo, el Astrup Fearnley Museet –museo de arte contemporáneo más célebre de Oslo– asombra con una colección impactante, entretenida e inspiradora. Las exposiciones cambian periódicamente e ilustran el espíritu de la época actual en Noruega y el resto del mundo a través de obras muy conocidas y piezas jamás exhibidas antes.

PLANO P. 78, B3

afmuseet.no

Strandpromenaden 2

21, 42, Aker Brygge

Construcción

En la punta de Tjuvholmen, el diseño de Renzo Piano del 2012 une ingeniosamente tres estructuras mediante un espectacular tejado de vidrio semejante a una vela. El armazón de acero recuerda el aparejo de una embarcación y los edificios están recubiertos de madera plateada. El interior alberga monumentales espacios cúbicos blancos y secciones íntimas.

Arte estadounidense

Desde la década de 1960, la Fundación Thomas Fearnley (gestionada por un magnate del transporte marítimo descendiente de un pintor paisajista) ha amasado la colección de arte estadounidense de posguerra más importante del país, con esculturas conceptuales y obras fotográficas. Aunque el museo ha expandido su enfoque, aún es un referente en este ámbito y representa bien a figuras como Jeff Koons, Richard Prince, Cindy Sherman y Dan Colen.

Arte alemán

Toda colección de arte contemporáneo que se precie debería incluir alguna obra de Anselm Kiefer; la del Astrup Fearnley presume de un par estupendas, incluida *Zweistromland/La Alta Sacerdotisa* (1985-1989), de mucho peso (metafórica y literalmente, pues está hecha de plomo). También cabe citar la magnífica *Apparizione (1-3)* de Sigmar Polke.

Nuevas adquisiciones

Solveig Øvstebø, directora del museo, pretende ampliar la colección y consolidar la posición de Noruega en el panorama artístico internacional. Prueba de ello son las últimas adquisiciones: una serie de artistas contemporáneos brasileños, japoneses, chinos e indios comparten protagonismo con artistas noruegos emergentes y de fama internacional como Bjarne Melgaard y Vanessa Baird.

★ Consejos

- La consigna es gratis, pero se abre y cierra con una tarjeta *contactless* en vez de llave o combinación numérica.
- Es buena idea llevar el bañador para darse un chapuzón al lado del museo en la playa urbana de Tjuvholmen (p. 81), si bien no hay vestuarios.

Una pausa

El restaurante **VentiVenti** (venti venti.no) sirve *pizza* y pasta decentes para almorzar en un entorno elegante dentro del museo. Crúcese el puente para saborear un helado en Paradis (p. 83).

Circuito a pie

De isla en isla por el fiordo de Oslo

Los ferris B1 y B2 de Ruter zarpan de Aker Brygge hacia las islas del fiordo de Oslo, que parecen de otro mundo pese a su proximidad al centro urbano. Hovedøya, las tres islas interconectadas de Gressholmen, Heggholmen y Rambergøya, y Langøyene están muy cerca y acogen monasterios en ruinas, senderos boscosos, reservas naturales, lugares para bañarse y mucho más.

Datos

Inicio Aker Brygge, plataforma E

Final Aker Brygge, plataforma E

Distancia 15 km (incluidos los trayectos en ferri); 4 h

❶ Hovedøya

En menos de 10 min, el ferri que parte de la plataforma E de Aker Brygge atraca en el pequeño embarcadero de **Hovedøya.** Además de ruinas medievales e instalaciones militares en desuso, hay apacibles senderos boscosos y recónditos lugares para bañarse.

❷ Lavetthuset

Al lado del embarcadero se halla el almacén militar del s. XIX **Lavetthuset,** el mayor edificio de la isla, transformado ahora en espacio expositivo para la comunidad de artistas que trabajan aquí. En verano se pueden visitar sus muestras gratis.

❸ Hovedøya Kloster

Otrora uno de los monasterios más ricos de Noruega, **Hovedøya Kloster** fue fundado en 1147 por monjes cistercienses ingleses. Sus vastos vestigios se redescubrieron en el s. XIX tras el incendio que destruyó el complejo en la década de 1530. Se pueden subir los empinados y estrechos escalones de la torre para echar un vistazo por la ventana.

❹ Kanonbatteri

A comienzos del s. XIX se edificaron varias construcciones militares en Hovedøya para reforzar las defensas de la Akershus Festning en las guerras napoleónicas, incluida la **Vestre Kanonbatteri** (batería de cañones occidental). En este punto con vistas panorámicas del fiordo hay 10 réplicas de cañones.

❺ Gressholmen

A 10 min en ferri está **Gressholmen,** una de las tres islas interconectadas que acogió el primer aeropuerto de Oslo entre 1926 y 1938; el antiguo hangar se ha convertido en un astillero. En verano, **Gressholmen Kro** (gresshol menkro.no) sirve refrigerios y platillos.

❻ Heggholmen

Al final de una pasarela en una ventilada colina se alza **Heggholmen Fyr,** faro enjalbegado de 1876 que parece una iglesia. Automatizado en 1972, es ahora un punto de encuentro para la Autoridad Portuaria de Oslo. Está prohibido entrar, pero es un sitio encantador para admirar el fiordo.

❼ Rambergøya

Al sur del archipiélago, la **Reserva Natural de Gressholmen-Rambergøya** protege flora y fauna endémicas en una ancha y pantanosa bahía que atrae unas 160 especies de aves, incluidas muchas zancudas. También hay una zona rocosa para zambullirse.

❽ Langøyene

Otro trayecto de 10 min en ferri lleva a **Langøyene.** Cuesta creer que esta isla fuera un vertedero de 1908 a 1948, pues ahora es un espacio recreativo con esculturas, zona de acampada, playa, zona naturista separada, pista de voleibol, quiosco, senderos arbolados y una inmensa extensión de césped.

Frognerstranda
Museumsveien
Wedels vei
Oscarshallveien
Dronninghavnveien
Mellbyedalen
Huk Aveny
BYGDØY
1 Norsk Folkemuseum
20
Vikingskipshuset
Langviksveien
15
Bygdøynesveien
25
Løchenveien
Museo Kon-Tiki
4 2 Museo del Fram
3 Museo Marítimo de Noruega
12
0 100 m
Filipstadveien
AKER BRYGGE
Bryggegata
Holmens gate
Fjordalléen
Stranden
Fineart Oslo 8
7 Skur13
24
21
26
17
14
19
16
23
11
13
18
Lille Stranden
22
Tjuvholmen allé
Astrup Fearnley Museet
Tjuvholmen Skulpturpark
6
9
Playa urbana de Tjuvholmen
Pipervika
Bygdøy allé
Solli plass
Hydroparken
Henrik Ibsens gate
SOLLIPLASS
Drammensveien
Munkedamsveien
Parkveien
Løkkeveien
Cort Adelers gate
Huitfeldts gate
Estación de T-bane Nationaltheatret
Museo Nacional
Centro Nobel de la Paz
5
Rådhusgata
Rådhusplassen
10 Båtservice Sightseeing
Munkedamsveien
Frognerstranda
AKER BRYGGE
Bryggegata
Stranden
Tjuvholmen allé
TJUVHOLMEN
Véase ampliación
Pipervika
0 500 m
A
B
C
D
E
F
1
2
3
4
Reseñas en:
Las mejores experiencias p. 70
Puntos de interés p. 79
Dónde comer p. 83
Dónde beber p. 86
De compras p. 87

Puntos de interés

Norsk Folkemuseum

MUSEO

1 PLANO P. 78, A3

El mayor museo al aire libre de Noruega abarca más de 140 edificios, en gran parte de los ss. XVII-XVIII, traídos de todas partes del país, reconstruidos y distribuidos según la región de origen. Los visitantes pasean entre granjas de madera tosca en cuyos tejados cubiertos de césped crecen flores silvestres y descubren exposiciones interiores como *Timescape 1600-1914*, que ilustra el lujoso estilo de vida de la élite noruega mediante objetos provenientes de tierras lejanas. En verano se organizan talleres de cerámica y otras actividades culturales, aunque hay mucho que ver todo el año. (Museo del Pueblo Noruego; norskfolkemuseum.no; Museumsveien 10; 30, Dronningen)

Iglesia de madera de Gol, Norsk Folkemuseum.

NORSK FOLKEMUSEUM/HAAKON HARRISS ©

Museo del Fram

MUSEO

2 PLANO P. 78, B4

Este museo está dedicado a uno de los símbolos imperecederos de los inicios de la exploración polar: la goleta de 39 m de eslora *Fram* ("adelante" en noruego). Se puede deambular por la cubierta, ver los claustrofóbicos camarotes e imaginar cómo era vivir atrapado en el hielo polar. La visita requiere tiempo, pues hay una abrumadora cantidad de información en detalladas exposiciones con mapas, fotos y piezas de diversas expediciones, desde el intento de Fridtjof Nansen de cruzar el Polo Norte esquiando hasta la conquista del paso del Noreste por Roald Amundsen. (Frammuseet; frammuseum.no; Bygdøynesveien 39; 30, Bygdøynes)

Museo Marítimo de Noruega

MUSEO

3 PLANO P. 78, B4

Explora la relación de los noruegos con el mar a través de minuciosas exposiciones sobre el transporte marítimo y la industria naval, la armada y la navegación recreativa y competitiva. El museo alberga la embarcación más antigua de Noruega: un cayuco de 2200 años hallado en Sørum, al este de Oslo. En el taller KLINK, el visitante observa cómo se emplean técnicas tradicionales para construir una réplica de un barco descubierto en

Museo de la Era Vikinga

El **Vikingskipshuset** (Museo de Barcos Vikingos; plano p. 78, A4; vikingtidsmuseet.no; Huk Aveny 35; 30) de Bygdøy cerró en el 2021 para someterse a un proyecto de remodelación de cinco años. Cuando finalicen las obras, reabrirá sus puertas como **Museo de la Era Vikinga** con una flamante ampliación circular de vidrio y un espacio expositivo tres veces mayor para ilustrar de manera más completa la época vikinga. También incluirá un sistema de regulación de la temperatura para preservar sus objetos milenarios, así como un auditorio y un espacio destinado a la investigación. La inauguración está prevista para el 2027.

Gokstad y cedido por el Vikingskipshuset. (marmuseum.no; Bygdøynesveien 37; Bygdøynes)

Museo Kon-Tiki MUSEO

4 PLANO P. 78, B4

Adorado por los niños, este museo se dedica a la balsa *Kon-Tiki* en que Thor Heyerdahl navegó de Perú a Polinesia en 1947. El explorador noruego quería probar su hipótesis de que los pobladores originales de las islas del Pacífico Sur podrían haber llegado desde Sudamérica. En el museo también se exhibe la balsa de papiro *Ra II*, construida por aimaras del lago Titicaca; en 1970, Heyerdahl la usó para cruzar el Atlántico desde Marruecos. (kon-tiki.no; Bygdøynesveien 36; Bygdøynes)

Centro Nobel de la Paz MUSEO

5 PLANO P. 78, F2

Los noruegos se enorgullecen de su labor como pacificadores internacionales; el Premio Nobel de la Paz (p. 102) es su reconocimiento a quienes juzgan más dignos por haber promovido la paz en el mundo durante el año anterior. Reabierto tras una exhaustiva renovación en el 2023, este vanguardista museo homenajea las vidas y los logros de los ganadores; las muestras itinerantes invitan a reflexionar sobre las distintas razones por las que se ha otorgado el galardón. (Nobels Fredssenter; nobelpeacecenter.org; Brynjulf Bulls plass 1; Aker brygge)

Tjuvholmen Skulpturpark ESCULTURA

6 PLANO P. 78, C3

Como el Astrup Fearnley Museet (p. 74) que circunda, este parque de esculturas lleva el sello de Renzo Piano y se centra en el arte contemporáneo internacional. Destacan la magnífica y descarada *Eyes* (1997) de Louise Bourgeois, la totémica y cautivadora *MOONRISE.east.November* (2006) de Ugo Rondinone y la brillante y palpable *Spalt* (2003) de Franz West. También hay obras de Antony Gormley, Anish Kapoor, Ellsworth Kelly y el dúo formado por Peter Fischli y David Weiss. (Tjuvholmen; 21, Aker Brygge)

Skur13

SKATEPARK

7 PLANO P. 78, B1

Gestionado por la Asociación de Skateboard de Oslo, este *skatepark* de 1500 m^2 construido con motivo de los X-Games del 2016, cuenta con rampas, barandillas, plataformas y escaleras. Está abierto al público y acoge a personas más y menos habilidosas con la tabla, el patinete y los patines tradicionales y en línea. Incluso prestan el equipo. (skur13.no; Filipstadveien; 21, 42)

Fineart Oslo

GALERÍA

8 PLANO P. 78, C1

Esta galería, que da cabida a más de 500 artistas contemporáneos (incluido Håkon Bleken), dispone de 2000 m^2 de espacio expositivo para muestras individuales, lo que la convierte en la mayor del país. Se encuentra entre Tjuvholmen y Aker Brygge, cruzando el puente desde Bryggetorget. (fineart.no; Filipstad Brygge 2)

Playa urbana de Tjuvholmen

NATACIÓN

9 PLANO P. 78, B3

Con el Tjuvholmen Skulpturpark como telón de fondo, esta diminuta playa suele estar abarrotada de críos que chapotean sin tregua, pero no deja de ser encantadora.

Centro Nobel de la Paz.

Capital del arte

El panorama artístico de Oslo es, como el propio país, igualitario, rico y, a menudo, audaz. Se puede acudir a visitar las colecciones de arte clásico y contemporáneo repletas de obras firmadas por colosos internacionales y enamorarse de la floreciente y entretenida oferta artística que promueven las galerías independientes por toda la ciudad.

Grandes colecciones

Con la inauguración del Museo Nacional (p. 70) en el 2022, tres de las mayores colecciones del país se juntaron bajo un mismo techo: la Galería Nacional, el Museo de Artes Decorativas y Diseño, y el Museo de Arte Contemporáneo. Por su lado, el Museo Munch (p. 58) acoge en su nueva sede del 2021 una apasionante serie de exposiciones que no solo abarcan obras del propio Munch, sino también de otros gigantes (como Emin y Goya) y de artistas prometedores. El Astrup Fearnley Museet (p. 74) destaca especialmente en arte fotográfico y conceptual estadounidense, si bien también posee importantes piezas de artistas de Noruega y otros países europeos. Las 26 Ha de prados, bosques y afloramientos rocosos de Ekebergparken (p. 128) están salpicadas de idiosincráticas esculturas pertenecientes a un promotor inmobiliario local, incluida una pieza de Jake y Dinos Chapman.

Galerías comerciales

Grandes nombres del arte noruego como Matias Faldbakken, Sverre Bjertnæs y Bjarne Melgaard (afincado ahora en Nueva York) presentan sus obras en un puñado de galerías comerciales que rara vez se preocupan por los deseos de los coleccionistas (tampoco hay tantos) y suelen preferir las tendencias artísticas provocadoras antes que las dominantes en el mercado. Cabe citar Standard (Oslo) (p. 115), en una calle anodina entre Grünerløkka y St. Hanshaugen, y Fineart Oslo (p. 81), que da cabida a más de 500 artistas en Tjuvholmen.

Galerías independientes y en manos de artistas

Gracias al generoso apoyo que reciben los artistas en Noruega y al potente programa de artes visuales de la Academia Nacional de las Artes de Oslo (KHiO), los espacios dirigidos por artistas también están en boga; estos incluyen Kunsthall Oslo (p. 61) y VI, VII (p. 62), con conexiones internacionales y una sólida reputación.

También hay una popular plataforma para saltar a aguas profundas. (Tjuvholmen Bystrand; Strandpromenaden; 21, Aker Brygge)

Båtservice Sightseeing

SALIDAS EN BARCO

10 PLANO P. 78, F2

Esta agencia ofrece circuitos a bordo de una tradicional goleta de madera o de una lancha motora más moderna para contemplar Oslo y su fiordo desde el agua. Las opciones incluyen clásicas salidas turísticas y un crucero con música *rock* en vivo.

Asimismo, opera el ferri de Bygdøy que enlaza Rådhusbrygge con la península de los museos (fin mar-oct). (nyc.no/boatservice-sightseeing; Rådhusbrygge 3; Aker brygge)

Dónde comer

Paradis

HELADO €

11 PLANO P. 78, C2

En el establecimiento original de esta cadena de Oslo se puede elegir entre unos 20 sabores de helado y sorbete, desde clásicos como vainilla o pistacho hasta originales como galletas y crema o limón picante. También hay galletitas espolvoreadas con frutos secos, tiramisú y vasitos con postres. (iskrembar.no; Tjuvholmen allé 6; Aker Brygge)

Lille Herbern

PESCADO €€

12 PLANO P. 78, B4

El pequeño ferri que zarpa del muelle de Herbernveien lleva en 2 min a este idílico restaurante en el islote homónimo, que ofrece una carta a base de pescado y marisco frescos, desde el clásico *fish and chips* hasta la ensalada de cangrejo. El trayecto brinda unas vistas preciosas del fiordo y sus boscosas islas. Es muy recomendable reservar. (lilleherbern.no; Herbernveien ved brygge, Lille Herbern)

Døgnvill Burger

HAMBURGUESAS €€

13 PLANO P. 78, C2

Este local nunca decepciona a quien le apetece una suculenta hamburguesa. Se puede elegir la picante Sterke Nils (con cuatro tipos de chiles), así como alguna alternativa sabrosa a la carne roja con pollo, pescado o ingredientes vegetales. La comida baja mejor con la cerveza de la casa o el batido con un toque alcohólico.

Hay sucursales de Døgnvill en Bjørvika y Vulkan. (dognvillburger.no; Lille Stranden 10; Aker Brygge)

Yokoso

JAPONESA €€

14 PLANO P. 78, C1

Los comensales pueden pedir *sushi*, tapas al estilo *izakaya*, *ramen*, ensaladas y cócteles con la tableta de la mesa y deleitarse con sabores de fusión japonesa como setas *enoki* en tempura con salsa trufada y pulpo con salsa barbacoa picante bajo una extravagante

Playas de Bygdøy

La popular playa de **Huk** (oslo.kommune.no; 30), merecedora de la Bandera Azul, se extiende en la punta suroccidental de la península de Bygdøy y es ideal para divertirse en familia en una soleada jornada de verano. Además de una franja de arena ligeramente arqueada, extensiones de césped y zonas rocosas perfectas para una barbacoa, hay una cafetería (p. 87), pistas de voleibol y baloncesto, y lavabos en buenas condiciones.

Aunque no es ningún secreto, el pequeño esfuerzo extra para llegar a la playita rústica y ventosa de **Paradisbukta** (plano p. 78; 30), en la costa occidental de Bygdøy, implica que siempre hay menos gente que en el resto de playas urbanas. Desde Huk, sígase el camino poblado de pinos aromáticos durante 1 km hasta alcanzar un claro tocante a la hermosa arena.

escultura colgante de una carpa dorada. La temática japonesa se extiende a los multifuncionales, futuristas y sorprendentes baños. (yokosorestaurant.no; Stranden 61; Aker Brygge)

Café Hjemme hos Svigers

INTERNACIONAL **€€**

15 PLANO P. 78, A4

Modesta y acogedora, esta cafetería familiar está escondida entre los espléndidos chalés de Bygdøy y ofrece un menú de hamburguesas caseras, ensaladas y bocadillos. Dispone de una estupenda terracita exterior, pero el acogedor interior está amueblado con piezas *vintage*, muchas de las cuales están en venta. (cafehjemmehos svigers.no; Fredriksborgveien 16; 30)

Lofoten Fiskerestaurant

PESCADO **€€€**

16 PLANO P. 78, C2

Pese a los impecables manteles blancos, este elegante restaurante no tiene nada de estirado. El personal es cordial y la comida combina a la perfección los productos más frescos del mar con guarniciones de temporada, como merluza servida con ñoquis y cremosa salsa de tomate. (lofoten-fiskerestaurant.no; Stranden 75; 21, 42, Aker Brygge)

Louise

NORUEGA, INTERNACIONAL **€€€**

17 PLANO P. 78, D1

Con una amplia terraza climatizada ideal para observar el paisanaje junto al muelle de Aker Brygge, Louise propone una carta de noche centrada en platos de pescado y marisco noruegos e internacionales: las ostras, la cremosa sopa de pescado y la pasta con salsa de gambas y langosta son excelentes. Para almorzar sirve, entre otras cosas, sándwiches y ensalada César. (restaurantlouise.no; Stranden 3; Aker Brygge)

xef
TAPAS €€€

18 PLANO P. 78, B2

Los maestros culinarios dirigidos por el chef Borja Martino recurren a técnicas tradicionales de la cocina española para transformar ingredientes locales en los protagonistas de tapas y de los 12 platos que componen el menú de degustación. Fuera hay un exuberante muro vegetal y bonitos árboles de flores rosas. (xefoslo.no; Bryggegangen 8)

New Delhi
INDIA €€

19 PLANO P. 78, C2

No será tan bullicioso como la metrópolis homónima del subcontinente indio, pero es uno de los restaurantes más animados y concurridos de Tjuvholmen. Atrae por las generosas raciones de curris aromáticos (como el Lamb 65), la variedad de comida callejera (como las piruletas de pollo especiado) y el dulce *chai* con leche. (newdelhi.no; Tjuvholmen allé 2)

Gartneriet Bygdø Kongsgård
CAFETERÍA €

20 PLANO P. 78, A2

El fin de semana, la cafetería emplazada en la residencia oficial de verano del rey, Bygdø Kongsgård (Granja Real de Bygdø), sirve

Paseo marítimo.

'For Our Sins'

En el 2021, una joven morsa apodada Freya fue avistada a lo largo del litoral de varios países europeos, mucho más al sur de su hábitat ártico. En julio del 2022, Freya había llegado al fiordo de Oslo con un peso de 600 kg. Muchas personas ignoraron los ruegos de las autoridades de mantener las distancias y algunas estuvieron a punto de sufrir heridas graves. Alegando motivos de seguridad pública, se tomó la decisión de sacrificar el animal, lo que supuso un escándalo internacional: los críticos afirmaron que la culpa era de la gente y que la morsa se podría haber reubicado. Freya ha sido inmortalizada en la realista escultura *For Our Sins* de Astri Tonoian, revelada en abril del 2023 en el paseo marítimo que conduce a Bygdøy a la altura del puerto deportivo de Kongen, a poco más de 1 km de Tjuvholmen.

platitos elaborados con productos orgánicos que se cultivan *in situ;* no se trata de ponerse las botas, sino de admirar el entorno bucólico. También hay una tienda de alimentos *gourmet* como conservas y quesos. (bygdokongsgard.no/kafe; Museumsveien 15)

Dónde beber

Oh Dear

ENOTECA

21 PLANO P. 78, C1

Esta enoteca ofrece una mareante selección de caldos de todas partes del globo; los clientes toman asiento junto a la elegante pared de obra vista y aceptan su destino al pedir una copa de vino francés, californiano o danés acompañada de una tabla de embutidos. (ohdear oslo.no; Holmens gate 4)

The Thief

BAR DE AZOTEA

22 PLANO P. 78, B2

En el bar de azotea del hotel The Thief, es posible acomodarse en un sillón chic y contemplar cómo se pone el sol tras las islas del fiordo desde uno de los mejores miradores de la ciudad. La carta es breve, pero incluye cervezas, bebidas burbujeantes y *spritz* veraniegos, incluido el especial de la semana. (thethief.com; Landgangen 1; solo verano)

Supreme Roastworks

CAFETERÍA

23 PLANO P. 78, C2

La sucursal de Aker Brygge de esta institución de Grünerløkka parece fuera de lugar en una sala de exposición de Porsche, pero dispone de los mismos granos de suma calidad que la cafetería original (p. 121). (srw.no; Stranden 67)

Underbar
BAR

24 PLANO P. 78, C1

La experimentada clientela de este tranquilo bar subterráneo sabe que aquí encontrará todo licor digno de su paladar. Los bármanes ayudan a elegir entre más de 550 variedades de *whisky*, coñac, brandi y ginebra, pero hay quien prefiere no complicarse demasiado la vida y pedir una cerveza de barril como las de Amundsen y Ringnes elaboradas en Oslo. (underbar.no; Holmens gate 3; Aker Brygge)

Paahuk
CAFETERÍA

25 PLANO P. 78, A4

Cafetería acristalada situada frente a la playa de Huk que sirve bebidas calientes y frías a base de café y refrescos. También ofrecen *pizza*. (paahuk.no; Strømsborgveien 44; 30)

De compras

Winther
ALIMENTOS

26 PLANO P. 78, D1

Aquí se puede hacer acopio de *delicatessen* como una amplísima selección de quesos noruegos, franceses, italianos y griegos o aceites, vinagres y encurtidos *gourmet*. También se puede comer en el restaurante anexo u optar por una *pizza* de masa madre. (wintherakerbrygge.no; Grundingen 3; Aker Brygge)

Playa de Huk (p. 84).

Merece la pena

Sentir la adrenalina en el trampolín de saltos de Holmenkollen

Holmenkollen, apreciado monumento a 30 min del centro de Oslo, encarna la clásica combinación noruega de deporte de aventura y diseño impecable. La escultural plataforma de salto de esquí es una de las instalaciones deportivas más visitadas del planeta, cuya torre brinda vistas panorámicas y la oportunidad, para los más atrevidos, de lanzarse en tirolina.

skiforeningen.no/en/holmenkollen

T Holmenkollen

Trampolín de esquí del siglo XXI

Esta plataforma se ha reconstruido 18 veces, pero la actual fue diseñada por la firma danesa y belga JDS Architects y se inauguró oficialmente en marzo del 2010 con un salto de 106,5 m de la campeona Anette Sagen. Su espectacular, dinámica y sencilla silueta cede toda la atención a los esquiadores. La hipnotizante estructura, que se alza 58 m y está revestida con una malla de acero inoxidable, es la más larga del mundo con un voladizo de 69 m.

Más de un siglo de esquí

Mucho antes del primer salto en Holmenkollen, la gente ya descendía por su impresionante cuesta. Desde 1892 acoge el **Festival de Esquí de Holmenkollen** (holmenkollenskifestival.no/en/; Kongeveien 5; ppios mar) cada mes de marzo. Hace un siglo los pioneros del salto de esquí alcanzaban los 20 m, pero hoy en día se suelen superar los 140 m.

Museo de esquí más antiguo del mundo

Con un emplazamiento evocador en la montaña bajo la plataforma de salto, el **Museo de Esquí** (Kongeveien 5) –el más antiguo del mundo– fue remodelado por el estudio de arquitectura Snøhetta en el 2023 para conmemorar su centenario. Su exposición repasa la historia de las aventuras en la nieve con detalles sobre las expediciones polares y el esquí Drevja de 5000 años.

Salto en tirolina

La tirolina **Kollensvevet Zipline** (kollensvevet.no; Kongeveien 5), de 361 m de longitud, permite sentir la adrenalina del salto de esquí sin poseer habilidades atléticas. Se tarda 20 segundos en salvar el desnivel de 107,5 m entre la torre de salto y el suelo.

★ Consejos

- El lado izquierdo del tren ofrece las mejores vistas del fiordo de Oslo en el ascenso a Holmenkollen.
- Quien planee lanzarse en tirolina debería dejar abajo cualquier bolsa voluminosa porque no podrá volver a subir.
- Se puede hacer una excursión con pícnic por el cercano bosque de Nordmarka; varias rutas empiezan cerca de la estación Frognerseteren.

Una pausa

Se puede picar algo en la **cafetería del Museo de Esquí** o ir en metro a Frognerseteren para almorzar en la terraza del chalé decimonónico de madera **Kafé Seterstua** (frognerseteren.no; Holmenkollveien 200; T Frognerseteren).

★ Cómo llegar

De la parada Holmenkollen de la línea 1 del T-bane hay 800 m a pie cuesta arriba por Kongeveien hasta el trampolín.

Explorar

Frogner y oeste de Oslo

El pudiente oeste de Oslo, donde se hallan algunos de los inmuebles más costosos de Noruega, es una zona residencial con maravillosas calles arboladas cuyos suntuosos chalés y bloques de apartamentos del s. XIX se extienden desde el Palacio Real hasta Frognerparken. También hay un par de atracciones de visita obligada y buenas tiendas.

Lo esencial

- ***Vigelandsparken (p. 92)*** *Sobrecogerse ante las emotivas figuras de este monumental parque de esculturas.*
- ***Frognerparken (p. 100)*** *Tumbarse en el césped de un hermoso y bucólico parque popular entre los vecinos de Frogner.*
- ***Nasjonalbiblioteket (p. 100)*** *Examinar atentamente los centenarios mapas de la Biblioteca Nacional de Noruega.*
- ***Alex Sushi (p. 104)*** *Probar pescado y marisco noruegos con un toque japonés.*
- ***Utopia Retro Modern (p. 106)*** *Comprar de recuerdo una perfecta pieza de diseño nórdico.*

Cómo llegar y desplazarse

Tranvía: Las líneas 12 y 13 enlazan con Sentrum y Grünerløkka.

Autobús: El nº 20 pasa por Vigelandsparken y prosigue al este hacia Grünerløkka y Tøyen.

T Todas las líneas (de la 1 a la 5) paran en Majorstuen.

Plano de la zona en p. 98.

Monolitten (Monolito; p. 94), Vigelandsparken. SAIKO3P/SHUTTERSTOCK ©

Las mejores experiencias

Observar las emociones humanas en el Vigelandsparken

Gustav Vigeland, el escultor más prestigioso de Noruega, transformó radicalmente Frognerparken con esta colección de más de 200 efigies de granito, bronce y hierro. El mayor parque de esculturas del mundo dedicado a un solo artista representa de forma figurativa el círculo de la vida.

PLANO P. 98, A3

Parque Vigeland

vigeland.museum.no/en/vigelandpark

Frognerparken

Vigelandsparken

Acceso principal

El acceso principal al parque en Kirkeveien consiste en una magnífica puerta de granito y hierro forjado –o, para mayor precisión, una serie de puertas– con rejas curvas a ambos lados rematadas por estructuras de cobre. Pese a su atractiva geometría orgánica, tiene un carácter sobrenatural que anticipa la experiencia que aguarda en el interior.

Puente

Aunque no se trata del elemento más espectacular del parque (este honor recae en el imponente Monolito), el puente de 100 m de longitud fue la primera parte que se inauguró y luce imperecederas y entrañables esculturas de niños; aquí se halla *Sinnataggen* ("niño enojado"), conocidísima estatua de bronce que inmortaliza a un crío en plena rabieta. Bajo el puente se extiende un patio circular con ocho esculturas de bronce de niños pequeños, y en el extremo más cercano a la fuente hay unas inusuales y estremecedoras columnas que representan a seres humanos combatiendo con grandes lagartos.

Fuente

Vigeland había soñado largo tiempo con diseñar una fuente monumental; aunque sus influencias del movimiento *Jugendstil* que se remontan a principios del s. XX son evidentes, esta extraordinaria creación no encontró su hogar hasta 1924. El bronce acentúa la formalidad estilística y se aprecia una gracia rítmica en la composición y el emplazamiento. Los 20 "árboles" cobijan a grupos de figuras humanas que ilustran el viaje de la cuna a la tumba. Los relieves de bronce del exterior, completados en 1947 tras muchos cambios, también representan el eterno ciclo vital.

★ Consejos

- Es mejor visitar el parque a primera o última hora; si uno coincide con el gentío que llega a media mañana o media tarde en los autobuses turísticos, podría sentirse como una de las figuras del Monolito.
- El Museo Vigeland (p. 100), otrora estudio del artista, ofrece excelente información contextual.
- El **Museo Emanuel Vigeland** (emanuel vigeland.museum.no; Grimelundsveien 8; T Slemdal), ubicado al noroeste, se centra en la obra del hermano de Gustav, aún más marcada por la desnudez, el sexo y la muerte.

✕ Una pausa

Anne på Landet (p. 97), cerca de la puerta principal, sirve bebidas y pasteles.

Piazza Italia (piazzaitalia.no; Frognerveien 58) es una opción estupenda para llenar el estómago con una crujiente *pizza* al estilo romano.

Monolito

Todo conduce al fascinante *Monolitten* (Monolito), llamado así porque se labró a partir de un solo bloque de piedra. En el punto más elevado del parque, la columna de 14 m de altura está rodeada por 36 conjuntos de figuras de granito que trepan unas sobre otras con el afán de ascender más y más. Tras la resonancia emocional del puente y la resignación melancólica de la fuente, el dinámico Monolito transmite anhelo y trascendencia. Tres cinceladores trabajaron 13 años a jornada completa en la escultura, que finalizaron justo antes de la muerte de Vigeland en 1943.

'La rueda de la vida' y otras esculturas

La obra más alejada de la entrada es *La rueda de la vida* (1933-1934). Su sencilla forma con figuras humanas entrelazadas alude a la temática general del parque: el ímpetu incesante de las personas, que avanzan eternamente y se aferran unas a otras en busca de apoyo. También cabe destacar el grupo escultórico *Clan* compuesto por 21 formas amontonadas, la obra de mayor tamaño sin contar el Monolito. Nada más cruzar la puerta de acceso al recinto se ve una estatua de Vigeland realizada por él mismo en 1942 en que aparece de pie, herramientas en mano, luciendo su rústico atuendo de escultor.

La rueda de la vida.

Vigelandsparken

Circuito a pie

Paseo por Frogner

En el oeste de Oslo, Frognerparken es uno de los puntos de interés más visitados de Noruega. Su plato fuerte, Vigelandsparken (p. 92), atrae a un auténtico gentío, pero muchos pasan por alto el espacio verde y el barrio circundante a pesar de ser uno de los más bonitos y acomodados de la capital. Se recomienda sumarse a los lugareños que pican algo por aquí u holgazanean en la hierba los días soleados.

Datos

Inicio Museo Vigeland

Final Hotel Sommerro

Distancia 4 km; 3 h

❶ Conocer a Gustav

El fascinante proceso creativo de Gustav Vigeland queda plasmado a través de yesos y bocetos en el Museo Vigeland (p. 100), emplazado en su antiguo hogar y estudio. Se recomienda visitarlo antes de admirar las célebres obras del escultor para descubrir su interesante historia.

❷ Delicioso pastel

Tras el oscuro lago con patos del parque aguarda el maravilloso y hogareño café **Anne på Landet** (annepaalandet.no; Frognerveien 67), donde es posible reponer fuerzas (tal vez con una enorme porción de pastel de manzana) en la terraza escuchando el canto de los pájaros y el murmullo de los árboles; más allá del eje principal de Vigeland, el parque recobra su carácter sereno.

❸ Una escultura tras otra

La ingente cantidad de esculturas del Vigelandsparken casi resulta abrumadora. Aunque el Monolito atrae todas las miradas, tampoco hay que perderse las apretujadas figuras humanas que conforman *La rueda de la vida.* Luego se puede dar un desorientador paseo en torno a la fuente: los monocromáticos adoquines de granito trazan un laberinto que serpentea unos 3000 m.

❹ Darse un chapuzón

Si hace calor, merece la pena llevarse el bañador para sumergirse en la inmensa piscina descubierta del Frognerparken (p. 100). Los aficionados a las novelas negras de Jo Nesbø la identificarán como el escenario de un truculento asesinato en *El leopardo.*

❺ Recorrer Frognerveien

Esta calle permite conocer la cara rica de Oslo: no solo presume de inmuebles de lujo, sino que los magníficos bloques de apartamentos decimonónicos entre Frogner plass y Solli plass se cuentan entre los más bonitos de Oslo. También se pasará ante **Frogner Kino** (frognerkino.no; Frognerveien 30B), una sala de cine de los años 20 en cuya única pantalla se proyectan películas en noruego e inglés.

❻ Biblioteca Nacional de Noruega

La Nasjonalbiblioteket (p. 100) contiene toda clase de documentos relevantes para la esfera pública, desde libros, periódicos y mapas hasta material cinematográfico, televisivo, radiofónico y musical. El edificio de 1914 está decorado con frescos de artistas como Axel Revold, cuyo mural en la escalera que conduce a la 2ª planta representa Yggdrasil, el árbol de la vida en la mitología nórdica.

❼ Edificio 'art déco'

El itinerario termina en el **Hotel Sommerro.** Construido en 1931, fue antaño la sede de la compañía eléctrica de la ciudad. Reabierto en el 2022 tras cinco años en obras, el Sommerro oculta habitaciones, restaurantes y bares lujosos tras su fachada de ladrillo *art déco.*

Vigelandsparken
Frognerparken
1 Frognerparken
2 Museo Vigeland
3 Museo de la Ciudad de Oslo
Pista de patinaje sobre hielo del Frogner Stadion
Vestre Gravlund
Stensparken
Estación de T-bane Majorstuen
0
500 m
A
B
C
D
E
F
1
2
3
4
8
15
16
23
25
27
Kirkeveien
Fagerborggata
Hertzbergs gate
Suhms gate
Åsaveien
Jacob Aalls gate
Schønings gate
Hammerstads gate
Trudvangveien
Industrigata
Ole Vigs gate
Hegdehaugsveien
Valkyriegata
Bogstadveien
Vibes gate
Rosenborggata
Sporveisgata
Uderhaugsveien
Josefines gate
Professor Dahls gate
Uranienborgveien
Sorgenfrigata
Majorstuveien
Fearnleys gate
Briskebyveien
Daas gate
Neubergata
Eckersbergs gate
Tidemands gate
Gyldenløves gate
Nordraaks gate
Middelthuns gate
Maries gate
Harald Hårfagres gate
Gardeveien
Slemdalsveien
Sørkedalsveien
Halvdan Svartes gate
Nobels gate
Madserud allé
Jonsrudveien

Reseñas en:
Las mejores experiencias p. 92
Puntos de interés p. 100
Dónde comer p. 102
Dónde beber p. 104
De compras p. 106
FROGNER
GIMLE
SOLLIPLASS
AKER BRYGGE
Slottsparken
Palacio Real
Slottsplassen
Hydroparken
Frognerkilen
Frognerstranda
Munkedamsveien
Drammensveien
Bygdøy allé
Henrik Ibsens gate
OSL Contemporary 5
Blank Galleri 7
Instituto Nobel 6
Nasjonalbiblioteket 4

Puntos de interés

Frognerparken PARQUE

1 PLANO P. 98, C3

Atrae a los vecinos del oeste de Oslo con sus extensiones de césped, estanques e hileras de árboles a cuya sombra hacen pícnics, pasean o se tumban. Su fama se debe sobre todo al Vigelandsparken (p. 92), un vasto parque de esculturas dentro del parque principal, pero también acoge la mayor colección de rosas de Noruega (más de 150 especies), así como una **piscina descubierta** (oslo.kommune.no; Middelthuns gate 28; T Borgen), un parque infantil y pistas de tenis. (Vigelandsparken)

Museo Vigeland MUSEO

2 PLANO P. 98, B4

Justo al suroeste del Frognerparken, este museo fue construido por el Ayuntamiento en la década de 1920 como hogar y estudio para Gustav Vigeland a cambio de que el escultor legara a la ciudad una importante parte de sus obras al fallecer. Alberga una temprana colección de estatuas y monumentos a figuras públicas, así como moldes de yeso y xilografías, y revela la obsesión del artista por transmitir vulnerabilidad y emociones como el amor, el miedo, la angustia y la soledad.

Cuando Vigeland murió en 1943, sus cenizas se depositaron en la torre y, cuatro años después, el museo se abrió al público. Los visitantes pueden realizar dibujos (solo a lápiz) en soportes prestados. (vigeland.museum.no; Nobels gate 32; 20, Frogner plass)

Museo de la Ciudad de Oslo MUSEO

3 PLANO P. 98, B4

Emplazado en la dieciochesca finca Frogner del Frognerparken, este museo repasa la historia de Oslo desde su fundación hacia el año 1000 d.C. hasta los años de guerra del s. XX pasando por su supervivencia a un incendio devastador. También acoge exposiciones sobre el papel de la ciudad en la lucha por los derechos de las mujeres, la igualdad para la comunidad LGTBIQ+ y la justicia racial en Noruega. **The City Lab** presenta muestras itinerantes de la mano de lugareños, y el **Museo del Teatro** rinde homenaje al arte dramático en la 2ª planta. (Bymuseet; oslomuseum.no; Frognerveien 67; Frogner plass)

Nasjonalbiblioteket BIBLIOTECA

4 PLANO P. 98, D7

Esta modernísima biblioteca ocupa un espléndido edificio de principios del s. XX y conserva importantes documentos sobre el patrimonio cultural noruego, desde manuscritos del s. XIII hasta revistas, películas y partituras. También acoge exposiciones temporales que destacan aspectos de la colección tan sorprendentes como la historia del *black metal*

Gustav Vigeland

El escultor Gustav Vigeland (1869-1943) nació en el seno de una familia campesina cerca de Mandal, en el extremo sur de Noruega. De niño y adolescente se interesó profundamente en la espiritualidad protestante, el tallado en madera y el dibujo, combinación única que marcaría su futura obra. En 1888, Vigeland se convirtió en aprendiz del escultor Brynjulf Bergslien y al año siguiente expuso su primera creación, lo que supuso la oportunidad que necesitaba para demostrar su destreza a escala nacional e internacional.

En 1891, viajó a Copenhague y, posteriormente, a París y a Italia, donde trabajó con varios maestros y obtuvo especial inspiración del escultor francés Auguste Rodin. Cuando dejó de recibir subvenciones públicas, regresó a Noruega para ganarse la vida con la restauración de la catedral de Nidaros (Nidarosdomen) en Trondheim y con retratos encargados por figuras prominentes.

En 1921, tras décadas de trabajo, el Ayuntamiento de Oslo reconoció su talento y construyó un espacioso estudio para el artista que ahora acoge el Museo Vigeland (p. 100).

noruego. El ineludible **Centro de Mapas** está lleno de planos que ilustran la representación cartográfica de los países nórdicos a lo largo de los siglos. (Biblioteca Nacional de Noruega; nb.no; Henrik Ibsens gate 110; Solli plass)

OSL Contemporary GALERÍA

5 PLANO P. 98, D6

En un antiguo parque de bomberos, la mejor galería comercial del oeste de Oslo es un espacio de un blanco resplandeciente que apuesta por un grupo de artistas conceptuales consolidados (la mayoría escandinavos) como Ane Graff y Ask Bjørlo. (oslcontemporary.com; Haxthausens gate 3; Niels Juels gate)

Instituto Nobel EDIFICIO EMBLEMÁTICO, BIBLIOTECA

6 PLANO P. 98, E6

No está claro por qué Alfred Nobel decidió que Noruega administrara el Premio Nobel de la Paz; fuera cual fuera la razón, quienes eligen al ganador anualmente son los miembros de un comité formado por cinco ciudadanos noruegos designados por el Storting (Parlamento) cada seis años. El visitante no podrá ayudarlos a deliberar durante sus reuniones secretas, pero sí curiosear por una biblioteca con más de 200 000 volúmenes sobre política e historia internacionales, paz y economía. (nobelpeaceprize.org; Henrik Ibsens gate 51; Inkognitogata)

El galardón más prestigioso del mundo

Casi todos los premios Nobel (Física, Química, Medicina, Literatura y Economía) se conceden cada mes de octubre en Estocolmo, pero el de la Paz, considerado el más prestigioso de todos, se entrega en Oslo. En su testamento de 1895, el sueco Alfred Nobel, inventor de la dinamita y fundador de estos galardones, estipuló que su vasta fortuna se debía legar anualmente a "quienes hayan conferido el mayor beneficio a la humanidad durante el año anterior".

Los cinco miembros del Comité Noruego del Nobel designados por el Storting (Parlamento) se reúnen junto con el secretario (sexto asistente y único no electo) para deliberar sobre las nominaciones al Premio Nobel de la Paz en encuentros a puerta cerrada dentro del Instituto Nobel (p. 101). La ceremonia de entrega del galardón tiene lugar en el Rådhus (p. 41) cada 10 de diciembre.

Aparte del reconocimiento internacional de por vida conferido al ganador (el honor no se puede revocar independientemente de la conducta posterior del condecorado), el premio conlleva la entrega de una medalla de oro de 18 quilates con la inscripción *"Pro pace et fraternitate gentium"* ("A favor de la paz y fraternidad entre los pueblos"), un diploma y una elevada suma de dinero (actualmente, unos 10 millones de coronas suecas).

Blank Galleri

GALERÍA

7 PLANO P. 98, D6

Lo que comenzó en el 2020 como una galería improvisada en Grünerløkka es ahora un espacio expositivo permanente en una de las calles más elegantes de la ciudad. Blank promociona a jóvenes artistas noruegos centrados en el arte pop, digital y urbano, incluidos los gemelos adolescentes DoodleTwins. Hay que consultar su sitio web para informarse sobre la exposición en curso. (blankbox.no; Bygdøy allé 21; Niels Juels gate)

Dónde comer

Zio Pizza

PIZZA €€

8 PLANO P. 98, E1

El aroma de la popular *pizza* napolitana de Zio se percibe a media manzana de distancia. El alegre interior amarillo es tan fresco como los ingredientes utilizados en opciones que van desde la clásica margarita hasta la especial con mantequilla Røros, chorizo, *'nduja*, queso de cabra y miel picante; para catarlas, vale la pena andar 750 m desde la estación Majorstuen. (ziopizza.no; Kirkeveien 98A; 20, 25, 28)

De La Casa

ITALIANA €€

9 PLANO P. 98, C5

La obra vista, las elegantes lámparas colgantes y el jardín vertical crean un acogedor telón de fondo para degustar deliciosos y copiosos platos de pasta que incluyen macarrones, espaguetis y unos sabrosos tallarines con marisco acompañados de una salsa cremosa a base de ajo y vino. Los más exigentes pueden crear su propia receta eligiendo el tipo de pasta, la salsa y los ingredientes. (delacasapastabar.com; Frognerveien 35; Elisenberg)

Lorry

NORUEGA €€€

10 PLANO P. 98, F5

Este restaurante tradicional es la antítesis de la nueva cocina nórdica. Los sustanciosos platos noruegos (como la rica y cremosa sopa de pescado o el filete de ciervo con remolacha, coles de Bruselas y salsa de vino tinto) armonizan con la decoración maximalista: las paredes están repletas de objetos excéntricos como armaduras en miniatura, animales disecados, caricaturas, máscaras carnavalescas y estatuillas. (lorry.no; Parkveien 12; Welhavens gate)

Gangnam

COREANA €€

11 PLANO P. 98, E8

Este concurrido restaurante demuestra que el "Gangnam Style" aún triunfa en Oslo. Las especialidades coreanas convencen a todo el mundo, desde grupos de amigos y familias hasta parejitas enamoradas y colegas de trabajo.

Medalla del Premio Nobel de la Paz.

El picante y nutritivo *bibimbap* es una muy buena opción que se acompaña con un especiado y exquisito trío de *kimchi*. (gangnam.no; Munkedamsveien 59; 33, 81)

Alex Sushi

SUSHI €€€

12 PLANO P. 98, E7

Se aconseja sentarse en torno a la elegante barra ovalada para probar el mejor *sushi* de Oslo. Es posible pedir a la carta, pero los clientes asiduos suelen optar por la alternativa *omakase* (selección del chef: 1490 NOK); en cualquier caso, cabe esperar perfección e innovación. Además de los preparados de forma sencilla con el mejor pescado y marisco noruegos, sirven platos emblemáticos como ensalada de tempura y langosta al gratín. (alexsushi.no; Cort Adelers gate 2; Solli)

Feinschmecker

NORUEGA €€€

13 PLANO P. 98, C5

Pese a haber perdido la estrella Michelin, este as de la gastronomía es muy popular en el barrio por su moderna cocina noruega a base de excelentes productos locales. Por muchos elogios que reciba, no hay que sentirse obligado a pedir el menú de degustación; quien prefiera algo ligero con una buena copa de vino, puede acomodarse en **LilleSchmecker,** el comedor menos formal de la izquierda. (feinschmecker.no; Balchens gate 5; 30, 31, Elisenberg)

Frenchie

FRANCESA €€€

14 PLANO P. 98, E7

Los candelabros y el mobiliario aterciopelado destilan cierta frivolidad mientras los comensales comparten tentempiés como embutido y queso de cabra caliente acompañados de Parisienne Spritz (Lillet Rosé, vino blanco, refresco de pomelo y agua tónica) o saborean clásicos franceses como lenguado *à la meunière* y *steak frites*. (frenchie.no; Henrik Ibsens gate 100; Solli plass)

Dónde beber

Pust

CAFETERÍA

15 PLANO P. 98, D1

Esta cafetería es perfecta para llevarse el portátil gracias a un espacio diáfano con muchos asientos, una estable y gratuita conexión wifi y, sobre todo, excelentes bebidas con cafeína. El personal es jovial y eficiente, mientras que los detalles de suprarreciclaje (como las llamativas vigas del techo hechas con palés) resultan inconfundibles.

Los más osados pueden acompañar el *flat white* con un panecillo de *brunost* (queso marrón). (pustkaffebar.no; Slemdalsveien 1; T Majorstuen)

Oslo Mikrobryggeri

MICROCERVECERÍA

16 PLANO P. 98, E4

La cervecería artesanal más antigua de Escandinavia lleva produciendo cervezas especiales para la buena gente de Oslo desde 1989. Tocando a la calle principal, este tranquilo *pub* tradicional siempre tiene unas 10 creaciones propias de barril; algunas destacadas han sido la James Blond (rubia belga) y la Twin Peaks *(American pale ale)*. También sirven cócteles y licores.

Se pueden reservar catas y circuitos para grupos de cuatro o más a través de la web. (omb.no; Bogstadveien 6, acceso por Holtegata; Rosenborg)

Patinaje sobre hielo

En invierno, Frogner Stadion acoge una amplia **pista de patinaje sobre hielo al aire libre** (plano p. 98, C3; oslo.kommune.no; Middelthunsgate 26; Frogner Stadion) para divertirse en familia con alquiler de patines disponible a partir de las 15.00.

Victor's Vinbar

ENOTECA

17 PLANO P. 98, D6

En las cálidas tardes veraniegas, una humilde, pero elegante multitud de lugareños abarrota tanto el apacible interior de este local como las soleadas mesas dispuestas en la acera. Dentro o fuera, la carta de vinos nunca decepciona con casi 300 tintos, blancos, rosados y espumosos entre los que elegir; contrariamente a lo habitual en Oslo, la mayor parte se pueden pedir por copas. (facebook.com/victors.vinbar; Skovveien 15; 21, Riddervolds plass)

Eckers

CAFETERÍA

18 PLANO P. 98, C5

Preparan refrescantes zumos y batidos de frutas como el Mango Power (mango, piña, leche de coco, plátano y zumo de manzana). También sirven un café fortísimo y fantásticas opciones para almorzar, incluidas ensaladas y tostadas. Los clientes piden la comida y bebida para llevar o se apretujan en un diminuto espacio con asientos. (eckers.cafe; Eckersbergs gate 41; Elisenberg)

PINPIN

BAR

19 PLANO P. 98, F5

Para los noruegos, socializar resulta mucho menos incómodo cuando hay una actividad de por medio; en PINPIN es posible elegir entre *shuffleboard*, "golf social" (cabinas privadas con simuladores), *flyby darts* (versión tecnológica de los dardos clásicos) y karaoke. Quien necesite un trago fuerte para animarse puede pedir cócteles y cervezas de barril excelentes. (pinpin.no; Hegdehaugsveien 26; Welhavens gate)

Oslo Raw

CAFETERÍA

20 PLANO P. 98, D6

Tras las pesadas cortinas de color rosa oscuro aguarda una luminosa cafetería de doble altura orientada al bien de la salud. En la carta figuran cafés y tés típicos, así como algunos desconocidos (el Adaptogenic Latte lleva, entre otros ingredientes, el hongo *Cordyceps*). También hay batidos, clásicos del *brunch* como tostada con aguacate y opciones saludables como *raw cakes* (pasteles sin hornear), *flapjacks* (barritas energéticas) y *brownies* cetogénicos.

Existe otra sucursal en Ullevålsveien. (osloraw.no; Skovveien 16; 21, Riddervolds plass)

F6

COCTELERÍA

21 PLANO P. 98, D6

Sus expertos en mixología no solo preparan cócteles tradicionales como el Cosmopolitan y el Old Fashioned, sino también invenciones propias que incluyen el Nordic Mule (ginebra, jengibre, chile y bíter) y el Frogner Grogg (ginebra, Sloe Gin, maracuyá y jengibre). Los adornitos retro, los árboles en macetas y los carteles de neón atraen a una clientela algo más joven. (f6.no; Frognerveien 6; Niels Juels gate)

De compras

Utopia Retro Modern

ARTÍCULOS VINTAGE, MENAJE

22 PLANO P. 98, B5

En este establecimiento abundan fantásticas piezas de diseño internacional (como sillas de Eames y taburetes de Aalto), pero también se encontrarán preciosos artículos noruegos (originales y renovados) de personalidades como el diseñador de iluminación Birger Dahl. (utopiaretromodern.com; Bygdøy allé 60; 20)

Fromagerie

QUESO

23 PLANO P. 98, D2

Aunque es pequeñita, esta tienda está a rebosar de quesos (incluidos algunos noruegos como el Paradisbukta de Bygdø Kongsgård), carnes curadas, panes artesanales, olivas y condimentos para un pícnic de lujo. (fromagerie.no; Valkyriegata 9; T Majorstuen)

Nomaden

LIBROS, ROPA

24 PLANO P. 98, F5

Clásica librería con estanterías hasta arriba de mapas, guías y libros de viajes que invitan a soñar con el próximo destino. También hay un limitado abanico de lo esencial para viajar que incluye prendas deportivas, mochilas y botiquines. (nomaden.no; Uranienborgveien 4; Uranienborgveien)

Vestkanttorvet

MERCADO

25 PLANO P. 98, D4

Trastos para unos, tesoros para otros; quien tenga ganas de rebuscar entre artículos amontonados quizá encuentre aquella camiseta *vintage* o cafetera de cerámica que tanto deseaba. El mercado tiene lugar en la plaza que interrumpe Professor Dahls gate una manzana al este del Frognerparken y supone un pasatiempo agradabilísimo para el sábado por la mañana. (Amaldus Nilsens plass; Vigelandsparken)

Juels 33 Kolonial

COMIDA Y BEBIDA

26 PLANO P. 98, E6

En los grandes supermercados de Oslo no hay un personal tan entusiasta como el de esta tienda rebosante de alimentos como fruta y verdura frescas, quesos, galletas saladas, conservas, comida enlatada, salsas y tentempiés *gourmet*. Los empleados ofrecen de buena gana recomendaciones sobre los productos o la ciudad en general. (facebook.com/Juels33Kolonial; Meltzers gate 9; 21, Riddervolds plass)

Majorstuen Te & Kaffe

TÉ, CAFÉ

27 PLANO P. 98, E3

Los amantes del té y el café encontrarán aquí alguno de su agrado, ya sea té Earl Grey y negro con manzana, membrillo y piel de naranja, café expreso del estado mexicano de Chiapas o el café tostado de la casa "Cognac and Cigar". También venden tazas de los Mumins ideales como recuerdos. (Mokka; instagram.com/majorstuenteogkaffe; Bogstadveien 39; Bogstadveien)

Vestkanttorvet.

'Boutiques' chic

Cerca de la estación de metro Majorstuen, Bogstadveien forma con Hegdehaugsveien (su nombre al sur) una calle comercial de 1 km llena de negocios independientes que venden ropa, comida, joyas y menaje. También hay un pequeño centro comercial chic con tiendas de lujo como Acne Studios, así como más marcas noruegas e internacionales hacia el sur. Quien siga hasta el final llegará al Slottsparken.

Circuito a pie

Por el pintoresco St. Hanshaugen

Encajonado entre Majorstuen y Grünerløkka, el arbolado barrio de St. Hanshaugen aún es poco turístico; no obstante, con sus pintorescas calles y agradables espacios verdes (incluido un gran parque en lo alto de una colina), es un lugar encantador para pasear. Además, hay muchos restaurantes y cafés frecuentados por estudiantes, jóvenes profesionales a la moda y familias que viven en el barrio.

Cómo llegar

Los nº 21, 33 y 37 pasan por Ullevålsveien, en la punta sur del parque St. Hanshaugen.

Las líneas 17 y 18 enlazan con Bislett, a 500 m del punto de partida de este paseo.

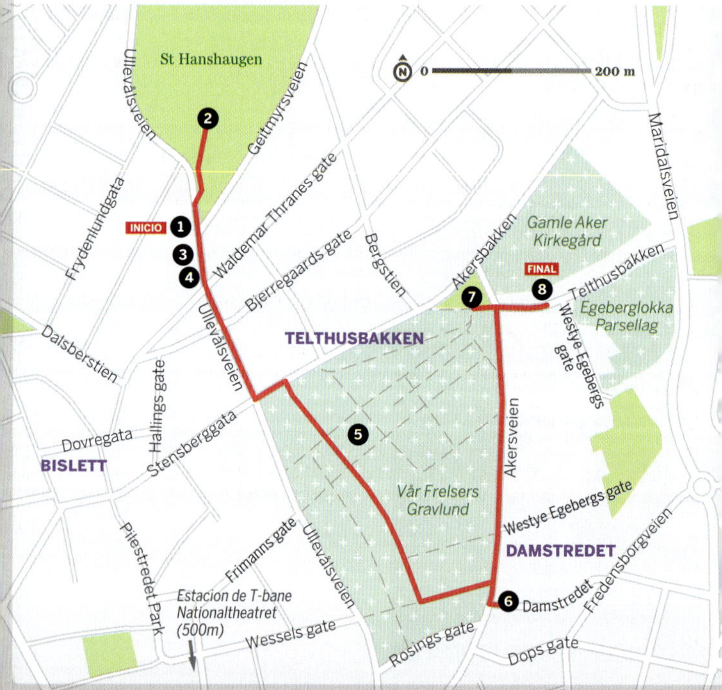

❶ Java

Antes de empezar a caminar, se aconseja beber algo caliente en la legendaria cafetería **Java** (javamocca.no; Ullevålsveien 47; 🚌21, 33, 37). Con azulejos de relajantes tonos verdes, es un sitio tranquilo que los adictos al café no pueden perderse.

❷ Parque St. Hanshaugen

Este inmenso **parque** (Ullevålsveien; 🚌37, 21) es muy popular entre los lugareños. La otrora rocosa colina atraía a un gentío durante las fiestas juninas mucho antes de su transformación en parque ajardinado en el s. XIX. Cuesta arriba entre parterres escalonados se llega a la piscina rectangular de la cima con vistas fabulosas del fiordo.

❸ Gutta på Haugen

Esta **institución del barrio** (gutta.no; Ullevålsveien 45; 🚌37) dispone de soberbios productos frescos de temporada para un pícnic, como un vasto surtido de quesos, una selección de salchichas locales y pan plano noruego.

❹ Smalhans

Este ajetreado **bar-restaurante** (smalhans.no; Ullevålsveien 43; 🚌33, 37) encarna el espíritu de St. Hanshaugen con su temprano *husmannskost* de 16.00 a 18.00 y sus legendarias cenas *smalhans* (frugales) o *krøsus* (opíparas) en que sirven rústicos platos noruegos siguiendo la tradición de compartir.

❺ Vår Frelsers Gravlund

Este **cementerio triangular** (Æreslunden; Akersbakken 32; 🚌37) data de las guerras napoleónicas, pero es célebre como lugar de reposo eterno del artista Edvard Munch, cuya tumba está adornada con su busto, y del dramaturgo Henrik Ibsen, cuya lápida es un magnífico obelisco marcado con un martillo.

❻ Damstredet

Las peculiares casas de madera decimonónicas de la adoquinada **Damstredet** (🚌54) contrastan con la arquitectura moderna del centro. Búsquese el establo donde vivió *Veslebrunen*, "caballo y buen amigo" del escritor Henrik Wergeland.

❼ Gamle Aker Kirke

Esta **iglesia de piedra medieval** (Akersbakken 26; 🚌33, 37) en lo alto de Akersveien es la estructura más antigua (1080) de Oslo.

❽ Telthusbakken

La ruta acaba en **Telthusbakken** (frente a Gamle Aker Kirke), evocadora callejuela con casas de madera que se alzan ante el huerto comunitario más antiguo de Oslo (Egebergløkka Parsellhage), establecido para combatir la escasez de alimentos en la II Guerra Mundial.

Explorar

Grünerløkka y Vulkan

"Livin' la vida Løkka" *podría ser el eslogan de este barrio frecuentado por los jóvenes bohemios de la ciudad. Otrora enclave proletario con apartamentos decimonónicos construidos para los trabajadores de las fábricas a orillas del cercano Akerselva, Grünerløkka está repleto de bares, cafeterías, tiendas vintage y locales de música en directo. La marcha sigue al otro lado del río en el revitalizado distrito industrial de Vulkan.*

Lo esencial

- ***Akerselva (p. 115)*** *Admirar los hermosos puentes, saltos de agua y rápidos de este exuberante oasis urbano.*
- ***Mathallen Oslo (p. 117)*** *Comer, beber y hacer la compra en esta zona de restauración junto al río.*
- ***Dangerous Club (p. 119)*** *Probar los fabulosos cócteles clásicos de este modesto bar.*
- ***Blå (p. 122)*** *Escuchar música en directo o relajarse en la terraza ribereña de este emblemático local.*
- ***Tiendas 'vintage' (p. 112)*** *Rebuscar entre ropa de segunda mano hasta dar con la prenda retro perfecta.*

Cómo llegar y desplazarse

Las líneas 11, 12 y 18 enlazan el centro urbano con Grünerløkka.

Los nº 34 y 54 llegan a Vulkan por Maridalsveien; se aconseja bajar en Telthusbakken para el río Akerselva y en Møllerveien para Vulkan.

Plano de la zona en p. 114.

Río Akerselva. GIEDRE VAITEKUNE/SHUTTERSTOCK ©

Circuito a pie

'Vintage' en Grünerløkka

Markveien, Thorvald Meyers gate y las calles aledañas conforman un paraíso para los amantes del vintage *con innumerables negocios en los que curiosear en busca de artículos retro únicos, ya sea un colorido vestido estampado con mangas abombadas de los años ochenta o una chupa de cuero con elegantes marcas del paso del tiempo. He aquí algunas de las mejores tiendas de moda de segunda mano del barrio.*

Datos

Inicio Tim Wendelboe (Grüners gate)

Final Ostebutikken (Thorvald Meyers gate)

Distancia 1,75 km; 2 h

❶ Subidón de cafeína

Este itinerario empieza en Tim Wendelboe (p. 120); no se trata de una tienda *vintage*, pero la mejor cafetería de Oslo abrió camino hacia la cultura del café de calidad en Noruega. No está de más tomar un poco de cafeína antes de ir de compras.

❷ Prendas góticas

Xaki Vintage (xaki.store; Schous plass) es ideal para encontrar ropa gótica y ciberpunk como minifaldas de denim negro, camisetas rasgadas, cinturones de piel y botas con plataforma hasta la rodilla.

❸ Ropa vaquera y de diseño

Lo primero que se ve al entrar en Past Workshop (p. 124) es un taller para remendar vaqueros de la marca Livid, pero también hay muchísimos tejanos *vintage* a la venta (etiquetados y organizados con estilo) junto a un amplio abanico de prendas de segunda mano.

❹ Estilo Swinging Sixties

Imitando el icónico estilo popularizado por Biba en la década de 1960, Frøken Dianas Salonger (p. 124) vende contadas prendas de inspiración *vintage* (en gran medida, blusas), expuestas con tanta elegancia que uno queda embobado admirando la atención al detalle.

❺ Prendas noruegas

UFF (uffnorge.org; Thorvald Meyers gate 74; Schous plass), cadena de tiendas de segunda mano con presencia en toda Noruega, mezcla ropa de cada día con artículos *vintage*. Aun así, es un buen sitio para comprar prendas de punto usadas de firmas nacionales como Devold y Dale of Norway a un precio muy inferior que el de las nuevas.

❻ Efecto arrastre

La diminuta **Velouria Vintage** (velouriavintage.no; Thorvald Meyers gate 34) está a rebosar de prendas *vintage;* rebuscando con afán, es probable encontrar codiciadas camisetas de bandas de hace décadas.

❼ Objetos únicos

Si es domingo, se aconseja ir a Birkelunden Marked (p. 125) para dar con alguna joya entre un batiburrillo de artículos *kitsch*.

❽ Exquisiteces francesas

Para saciar el apetito, se recomienda pedir *moules-frites* en **Ostebutikken** (ostebutikken.com; Thorvald Meyers gate 27A; Birkelunden), minúsculo bistró francés con un toque del clásico estilo parisino.

Reseñas en:
Puntos de interés p. 115
Dónde comer p. 117
Dónde beber p. 119
Ocio p. 122
De compras p. 124
0 200 m
A
B
C
D
1
2
3
4
5
6
Museo del Trabajo 1
Standard (Oslo) 4
Purenkel Galleri 5
Rocódromo de Vulkan 6
House of Nerds 3
Schaeffers Gate 5 7
Akerselva 2
VULKAN
GRÜNERLØKKA
DAMSTREDET
Alexander Kiellands plass
Parque Kuba
Grünerløkka Studenthus
Parque Grünerhagen
Vinmonopolet
Paulus plass
Birkelunden
Olaf Ryes plass
Sofienbergparken
Parque Schous plass
Schous plass
Uelands gate
Kingos gate
Vøyensvingen
Maridalsveien
Sagveien
Vøghalsen
Beierbrua
Sandakerveien
Thorvald Meyers gate
Toftes gate
Sannergata
Waldemar Thranes gate
Øvrefoss
Hesselbergs gate
Schleppegrells gate
Darres gate
Steenstrups gate
Markveien
Seilduksgata
Københavngata
Fossveien
Helgesens gate
Telthusbakken
Grüners gate
Sofienberggata
Vulkan
Schæffers gate
Møllervein
Nordre gate
Stolmakergata
Korsgata
Nedre gate
Brenneriveien
Ingens gate
Fredensborgveien
Leirfallsgata
Herslebs gate
Trondheimsveien
Deichmans gate
Møllergata
Hausmanns gate
Søndre gate

Puntos de interés

Museo del Trabajo

MUSEO

1 PLANO P. 114, B1

Emplazado en una antigua farmacia de Sagene ("sierra" en noruego, por los aserraderos que había en este lugar en el s. XVI), esta sección del Museo de Oslo narra la historia de las fábricas textiles que proliferaron a orillas del Akerselva para procesar yute, cáñamo y algodón. Se aprende acerca de la actividad industrial de la ciudad a través de personas fundamentales para el éxito de las factorías, como un pionero industrial, un obrero (el 70% de los cuales eran mujeres) y un activista por los derechos de los trabajadores.

Aunque gran parte del material está en noruego, existe una audioguía en inglés en la aplicación Useeum. El museo se ubica en Sagveien; se puede dar un bonito paseo hasta el río, cruzar el puente peatonal y observarlo desde la otra orilla junto a la cafetería Anne på Landet emplazada en Hønse-Lovisas Hus. (Arbeidermuseet; oslomuseum.no/arbeidermuseet; Sagveien 28; Biermanns gate)

Akerselva

RÍO

2 PLANO P. 114, B6

Desde su nacimiento en el embalse Maridalsvannet, el Akerselva serpentea 9 km al sur atravesando Oslo hasta desembocar en el fiordo detrás de la Ópera. Este río de curso rápido fue el centro de la industria de Oslo, pero luego quedó abandonado hasta finales del s. XX. Hoy su boscoso entorno es uno de los rincones de relax favoritos con rápidos, cascadas, pistas de atletismo, zonas de pícnic y para bañarse o pescar. La turbulenta **Vøyenfossen** (cascada Vøyen) de Sagene es una maravilla natural en pleno contexto urbano. (34, 54)

House of Nerds

VIDEOJUEGOS

3 PLANO P. 114, A5

Quien sienta nostalgia del pixelado *Street Fighter* original, está de suerte, pues este local cuenta con videoconsolas de la vieja escuela, incluida la Nintendo 64, conectadas a antiguos monitores de rayos catódicos. También hay un *escape room* en RV con distintos escenarios, así como *shuffleboard*, juegos de mesa y servicio de bar. (houseofnerds.no; Vulkan 18; 34, 54)

Standard (Oslo)

GALERÍA

4 PLANO P. 114, B2

Esta galería, que destaca en el panorama del arte contemporáneo de la capital desde hace casi dos décadas, representa a artistas de Noruega y otros países del norte de Europa (incluido Matias Faldbakken, muy apreciado en Oslo) con exposiciones en la planta baja con paredes blancas de un bloque industrial. (standardoslo.no; Waldemar Thranes gate 86C; 21, 33, 34, 54)

Históricos puntos de cruce

Hay numerosos puentes pintorescos que cruzan el Akerselva. Uno de los más famosos es el **Ankerbrua,** apodado "puente de los cuentos de hadas" por las cuatro esculturas de bronce creadas por Dyre Vaa en 1937 que adornan sus esquinas. Dichas obras ilustran pasajes de cuentos populares noruegos, incluidos *Peer Gynt, Kari Trestakk* y *Rey Oso Blanco Valemon;* la estatua inspirada en este último es particularmente memorable porque representa a una princesa desnuda subiendo a lomos de un oso.

Río arriba, cerca de la Academia Nacional de las Artes de Oslo (KHiO), se encuentra el **Aamodt Bro** (o Aamot Bru), un puente de hierro pintado de blanco muy fotografiado. Erigido en 1852, fue uno de los primeros puentes colgantes de Noruega, emplazado originalmente sobre el río Drammenselva en la provincia de Buskerud (al oeste de la capital) y reconstruido, pieza a pieza, en su atractiva ubicación actual un siglo después. Al pisar sus tablones de madera algo tambaleantes, uno entiende la advertencia grabada en las placas de ambos lados, que podría traducirse como "100 hombres soportaré, pero bajo una marcha rítmica caeré".

Purenkel Galleri

GALERÍA

5 PLANO P. 114, B4

Line Elghøy Marsdal, artista visual detrás de Purenkel, declara en una de sus obras que "el arte es alimento para el cerebro". Así pues, quien necesite saciar su apetito creativo puede admirar las pinturas, grabados, piezas de cerámica y esculturas que están a la venta en esta moderna y acogedora galería. (purenkel.no; Grüners gate 3; Olaf Ryes plass)

Rocódromo de Vulkan

ESCALADA

6 PLANO P. 114, A5

Este centro de escalada ofrece desafíos para escaladores de todos los niveles, que pueden trepar por sus paredes libremente o apuntarse a un curso para principiantes. El amable personal también puede echar una mano con el alquiler de material. (Vulkan Klatresenter; kolsaas.no; Vulkan 13; 34, 54)

Schaeffers Gate 5

GALERÍA

7 PLANO P. 114, D5

Esta galería independiente dirigida por artistas acoge periódicamente muestras y eventos en sus espacios de exposición y actuación. En la web figuran más detalles. (schaeffersgate5.no; Schaeffers Gate 5; Schous plass)

Dónde comer

Mathallen Oslo

ZONA DE RESTAURACIÓN **€€**

8 PLANO P. 106, A4

Esta antigua nave industrial junto al río es ahora un hedonista espacio culinario con lo mejor de la gastronomía noruega y excelentes muestras de cocinas internacionales. Los numerosos negocios de *delicatessen*, cafés y pequeños restaurantes informales están llenos de vida hasta el atardecer. (mathallenoslo.no; Vulkan 5; 34, 54)

Syverkiosken

PERRITOS CALIENTES **€**

9 PLANO P. 114, A2

Podría parecer una imitación hípster, pero este diminuto puesto de *pølse* (perritos calientes) es del todo genuino y uno de los últimos que sobreviven en Oslo. Las salchichas se sirven en pan de patata *(lompe)* y/o normal con aderezos tradicionales que van más allá de kétchup, mayonesa y mostaza. (967 08 699; Maridalsveien 45B; 34)

Hrimnir

RAMEN **€€**

10 PLANO P. 114, A5

La oferta es concisa, pero en Hrimnir usan solamente los ingredientes de temporada más frescos para acompañar sus fideos de trigo hechos a mano, como en el *ramen* con pollo confitado *koji*, alcachofa de Jerusalén encurtida y *crumble* de bayas de *goji*. Sumando un par de guarniciones (p. ej., *kimchi* deliciosamente picante), el resultado es una comida que

Ramen.

exalta el *umami* complementada con un servicio intachable en un ambiente relajado y chic. (hrimnir-ramen.no; Maridalsveien 9A; 🚌 34, 54)

Illegal Burger

HAMBURGUESAS €

11 PLANO P. 114, C5

La verde fachada invita a entrar y pedir una hamburguesa tan buena que debería ser ilegal. Todas las propuestas *gourmet* llevan una gruesa pieza de carne a la brasa o una alternativa vegetal. Se recomienda probar la Hot Mama (con beicon, cheddar y jalapeños) o la UFO (con piña *teriyaki*, queso Monterey Jack y jamón serrano). (facebook.com/illegaburger; Olaf Ryes plass 4; 🚌 37)

Haralds Vaffel

GOFRES €

12 PLANO P. 114, C5

Por menudo que sea, resulta imposible no ver el exterior de color naranja brillante y rosa chicle de este establecimiento especializado en los clásicos gofres noruegos, servidos solos o con ingredientes tradicionales (queso marrón, crema agria y mermelada) o nada convencionales (beicon y queso azul). (haraldsvaffel.no; Olaf Ryes plass 3, acceso por Markveien; 🚋 Olaf Ryes plass)

Villa Paradiso

PIZZA €€

13 PLANO P. 114, C4

Con vistas al parque central de Grünerløkka y mesas al aire libre en verano, este restaurante se volvió tan popular tras su inauguración en el 2004 que desde entonces ha abierto cinco sucursales más en Oslo. El mejor tal vez siga siendo el original, que siempre está abarrotado y sirve auténticas *pizzas* napolitanas y platos de pasta tradicionales como tallarines con ragú a la toscana. (villaparadiso.no; Olaf Ryes plass 8; 🚋 Olaf Ryes plass)

Munchies

HAMBURGUESAS €

14 PLANO P. 114, C4

Esta hamburguesería concurrida a todas horas (sobre todo cuando cierran los bares) es una de las mejores de la ciudad por la calidad de la carne y las patatas fritas. Uno también puede sentarse en un taburete junto a la ventana para saborear una cerveza artesanal. (munchies.no; Thorvald Meyers gate 34A; hamburguesas 124-152 NOK; 🚋 Olaf Ryes plass)

Cultivate Food

VEGANA €€

15 PLANO P. 114, C4

Fabulosa opción para un almuerzo nutritivo gracias a platos a base de ingredientes vegetales como curris, lasaña de verduras y ensalada de quinoa que se exponen en bandejas o sopas, hamburguesas veganas y tostadas que se preparan al momento. También hay una buena selección de vino vegano que se puede degustar en una zona con asientos llena de plantas. (cultivatefood.no; Helgesens gate 18A; 🚋 Olaf Ryes plass)

Løkka Deli
DELICATESSEN €€

Los jugosos sándwiches de Løkka Deli (véase 12 plano p. 114, C5) no se olvidan, ya sea un *patty melt*, un cubano o un Reubens de pastrami. Además, no hace falta madrugar para deleitarse con los bollos del desayuno, pues sirven todo el día *brioches* con huevo y queso y rollos de canela. (lokkadeli.no; Olaf Ryes plass 3, acceso por Markveien; Olaf Ryes plass)

Kontrast
NUEVA COCINA NÓRDICA €€€

16 PLANO P. 114, A5

Un espacio industrial minimalista es el espectacular telón de fondo para platos de temporada magníficamente presentados que aúnan simplicidad y técnica depurada. Se emplean alimentos orgánicos de origen ético, incluida carne de animales salvajes o criados en libertad. El restaurante posee una estrella Michelin; conviene reservar con bastante antelación. (restaurant-kontrast.no; 34, 54)

Markveien Mat & Vinhus
NORUEGA €€€

17 PLANO P. 114, C6

Este encantador restaurante en la parte sur de Grünerløkka sirve, en un cálido comedor tradicional noruego con velas que iluminan las mesas, platos nacionales (y, a veces, internacionales) como bacalao con guisantes, zanahoria encurtida y remolacha o pechuga de pato con coles de Bruselas y puré de manzana y apio nabo.

Vida en el parque

Cuando hace sol, no hay mejor sitio en Grünerløkka que Grünerhagen, extenso parque con una empinada ladera cubierta de hierba al final de Grüners gate. Vecinos y estudiantes acuden al lugar para descansar, relajarse y hacer barbacoas. El elevado bloque de apartamentos de forma única que se alza frente al parque acoge ahora la residencia de estudiantes **Grünerløkka Studenthus** (plano p. 114, B4; bolig.sio.no; Marselis' gate 24; 34, 54), pero antaño fue un granero.

(markveien.no; Torvbakkgata 12, acceso por Markveien; Schous plass)

Dónde beber

Dangerous Club
COCTELERÍA

18 PLANO P. 114, A5

Vale la pena caminar desde la calle principal del barrio para probar los excepcionales cócteles clásicos de este íntimo bar, llamado "peligroso" porque es probable acabar bebiendo más de la cuenta. Los clientes sorben tragos largos, revueltos o agitados (el cóctel Paloma con tequila, refresco de pomelo, lima, salsa picante y sal está buenísimo) con vinilos de fondo en un ambiente sutilmente inspirado en el *art déco*. (instagram.com/dangerouscluboslo; Maridalsveien 10; 34, 54)

Grünerløkka a ojos de Munch

Edvard Munch pasó la mayor parte de su infancia en este barrio otrora obrero. No es posible entrar en ninguno de los apartamentos donde residió, pero sí observar desde fuera en **Fossveien 7** la casa donde su hermana Sofie sucumbió a la tuberculosis, evento que inspiró la pintura *Muerte en la habitación de la enferma* (1893); una discreta placa en noruego colgada junto al timbre del edificio sirve de homenaje.

Territoriet

ENOTECA

19 PLANO P. 114, C6

Esta auténtica enoteca de barrio es el sitio para beber más emocionante de la ciudad. Los entendidos propietarios ofrecen cerca de 400 vinos, casi todos por copas. Tras conocer las preferencias y el presupuesto del cliente, el personal sabrá elegir un caldo que le encantará. No pasa nada por pedir una cerveza o un *gin-tonic*. (territoriet.no; Markveien 58; Schous plass)

Meyers Bar

BAR

20 PLANO P. 114, C3

A medio camino entre un *pub* y una sala de estar, el acogedor Meyers luce un estilo retro natural con un empapelado de los años setenta, fotos y pósteres de películas *vintage* y una amplia colección de vinilos expuestos en la pared. Se trata de un bar pequeño, pero tiene una excelente carta de bebidas que incluye cócteles, selectas cervezas embotelladas y vinos por copas. (facebook.com/meyersbar; Thorvald Meyers gate 25; Birkelunden)

Tim Wendelboe

CAFETERÍA

21 PLANO P. 114, B4

A Tim Wendelboe se le suele atribuir el mérito de haber iniciado la revolución del café en Escandinavia. La cafetería que lleva su nombre es muy popular entre trabajadores *freelance* de la zona y amantes del café del mundo entero. Los granos proceden de cultivos propios y se tuestan a mano y todos los cafés –desde el *pour over* con hielo hasta el capuchino normal y corriente– son de primera calidad. (timwendelboe.no; Grüners gate 1; Olaf Ryes plass)

Bortenfor

BAR

22 PLANO P. 114, B6

Este espacioso bar ribereño presume de una atmósfera sofisticada y tranquila, buena música, cócteles de inspiración noruega y notables vinos por copas. Para encontrarlo, hay que dirigirse a la puerta de Brenneriveien situada al otro lado del club Blå (p. 122) y proseguir por la terraza adornada con vegetación que comparte con Ingensteds. (ingensteds.no/bortenfor; Brenneriveien 7; 34, 54)

Schouskjelleren Mikrobryggeri
CERVECERÍA

23 PLANO P. 114, C6

No existe nada más tradicional que los bancos de madera y la chimenea del suelo al techo con bóveda de cañón de este antro subterráneo. Aun así, su oferta de cervezas artesanales está muy al día y abarca todos los gustos, desde *lagers*, IPA y *sours* hasta *saisons, stouts* y *porters*. Hay unas 20 de barril y muchas más en botella, elaboradas *in situ* o en otras microcervecerías. (schouskjelleren.no; Trondheimsveien 2; Heimdalsgata)

Supreme Roastworks
CAFETERÍA

24 PLANO P. 114, C2

En Grünerløkka hay al menos una cafetería en cada esquina, pero muchos lugareños equipados con portátiles se decantan por esta. Junto con la legendaria Tim Wendelboe, es una de las mejores del barrio y de todo Oslo gracias a un equipo de baristas de prestigio internacional que sirven el café tras tostar los granos en la parte trasera. (srw.no; Thorvald Meyers gate 18; 21, 33, Birkelunden)

Schouskjelleren Mikrobryggeri.

Grünerløkka Brygghus
PUB

25 PLANO P. 114, C3

Esta evocadora y agradable taberna y cervecería artesanal elabora desde *pilsners* hasta *Weißbier* y también sirve algunas tipologías interesantes de otras casas. Se puede pedir una hamburguesa, pollo frito o *fish and chips* en la barra. Los clientes se disputan las mesas del exterior cuando hace buen tiempo. (brygghus.no; Thorvald Meyers gate 30B; Olaf Ryes plass)

Dr Kneipp's Vinbar
ENOTECA

Dr Kneipp's (véase **17** plano p. 114, C6), hermanita informal de Markveien Mat & Vinhus (p. 119), es ideal para catar vinos por copas de una extensa carta acompañados con tapas como ceviche de pescado rojo y blanco y carpacho de ternera o platos de Markveien. La fama de su tarta de queso al horno la precede. (markveien.no/dr-kneipps; Torvbakkgata 12, acceso por Markveien; Schous plass)

Hytta

BAR

26 PLANO P. 114, C6

Faltaría tiempo para entrar en todos los bares del barrio, pero este local minúsculo llama la atención por el ambiente distendido, los altísimos taburetes y las canciones de Led Zeppelin. Tiene una variada gama de cervezas artesanales y una buena selección de vinos por copas. Además, de vez en cuando acoge eventos. (facebook.com/Hyttabar; Thorvald Meyers gate 70; Schous plass)

Ocio

Blå

MÚSICA EN VIVO

27 PLANO P. 114, B6

Bautizado así por la fábrica textil Indigo situada otrora en este tramo del río, Blå acoge a talentos de todos los géneros musicales (electrónica, *hip-hop*, disco, etc.) con conciertos a lo largo de la semana. Uno puede pedir *pizza* y bebida en el popular bar de la terraza ribereña y sentarse bajo las lucecitas hasta que empiece a sonar la música. (blaaoslo.no; Brenneriveien 9C; 34, 54)

Kafe Hærverk

MÚSICA EN VIVO

28 PLANO P. 114, B6

Esta acogedora, íntima y elegante sala de conciertos también sirve excelentes cervezas artesanales y vinos naturales. Además, hay un patio abierto en verano para pasar el rato entre las actuaciones, que abarcan desde la música *indie* y experimental noruega hasta la de artistas internacionales como el dublinés Stefan Murphy. (kafe-haerverk.com; Hausmanns gate 34; 34, 54)

Parkteatret

MÚSICA EN VIVO

29 PLANO P. 114, C4

En este adorado local de tamaño mediano ubicado en la atractiva plaza principal del barrio actúan artistas internacionales como Jaakko Eino Kalevi, Griff y The 502s y talentos noruegos como Lindstrøm y Anna of the North. (parkteatret.no; Olaf Ryes plass 11; Olaf Ryes plass)

Riksscenen

MÚSICA EN VIVO, DANZA

30 PLANO P. 114, C6

Este recinto de música y danza folclórica acoge unas 200 actuaciones al año en sus tres escenarios. En este lugar han tocado prodigios nacionales e internacionales como la cantante de folk noruega Eli Storbekken y el dúo de cuerda escocés Strathspey Queens. (riksscenen.no; Trondheimsveien 2, Schous Kulturbryggeri; Schous plass)

Vulkan Arena

MÚSICA EN VIVO

31 PLANO P. 114, A4

Los fans de la música *rock* y pop deberían consultar antes de su visita los conciertos que están programados en esta sala con aforo para 800 espectadores situada frente a Mathallen Oslo. (vulkanarena.no; Vulkan 26; 34, 54)

Pasado industrial de Grünerløkka

Blå e Indigo

Junto al auditorio Blå hay un puente que antes conectaba las factorías adyacentes y ahora domina uno de los entornos más vibrantes de Oslo gracias al río, el arte callejero, la arquitectura y la atmósfera relajada. El puente fue relevante para una fábrica textil de colorido nombre: Indigo. Inaugurada en 1898, esta fue conocida por sus estampados hasta 1933. En la zona se pueden admirar decimonónicos edificios industriales de ladrillo rojo; en la margen oriental del río se yergue una magnífica tubería como monumento al patrimonio cultural de la importante industria textil. Blå es un recinto muy popular, mientras que la fábrica Indigo ha caído en el olvido entre los lugareños.

Seilduksfabrikken

En la orilla este del Akerselva, a la altura de Øvre Foss (cascada Øvre), se halla Canvas Factory, fundada en 1856 con el distinguido nombre de Christiania Seildugsfabrik. En su apogeo, más de 1000 personas trabajaban en la fábrica, el 70% de las cuales eran mujeres (la mayoría, jóvenes). La lona producida aquí se usaba principalmente para fabricar velas, algo muy necesario para una nación tan dependiente de la navegación como Noruega. Cuando la era de los veleros llegó a su fin, la fábrica pasó a la manufactura de arpillera a partir de cáñamo y yute de la India y Nepal hasta su cierre en 1976. Hoy acoge la Academia Nacional de las Artes de Oslo (KHiO), cuyos estudiantes tienen la misma edad que los obreros de antaño.

Parque Birkelunden

Con la proliferación de las fábricas y el auge del empleo, miles de trabajadores se mudaban a la ciudad y necesitaban un hogar. El inversor y promotor inmobiliario Thorvald Meyer puso en marcha el desarrollo de Grünerløkka, que se convirtió en el distrito de la clase obrera. Otros inversores compraron terrenos a Meyer para edificar viviendas, pero él fue más lejos que nadie y se aseguró de que ciertas parcelas se dedicaran a parques, espacios urbanos, una escuela y una iglesia. El parque Birkelunden fue fruto de esta iniciativa para beneficio de los vecinos desde la década de 1860.

Texto de Gro Røde, *historiadora en el Museo del Trabajo/ Museo de Oslo.*

Botellón

Quien planee comprar y beber alcohol antes de salir por ahí debe tener en cuenta que los supermercados solo tienen cerveza con graduación alcohólica inferior al 4,7%. Las cervezas más fuertes, así como los vinos y licores, se venden exclusivamente en las tiendas estatales **Vinmonopolet** (plano p. 114, C5; vinmonopolet.no; Nordre gate 16; Schous plass); aunque están en todos los barrios principales, cierran sobre las 18.00 y todo el domingo.

De compras

Lush Dive

PAPELERÍA

32 PLANO P. 114, C2

Quien sienta debilidad por los artículos de papelería bonitos se enamorará de esta tienda donde se exponen elegantes cuadernos, diarios y agendas junto a bolígrafos y lápices perfectos como si de una galería de arte se tratara. Entrarán ganas de comprarlo todo. (lushdive.no; Thorvald Meyers gate 19; 21, 33, Birkelunden)

Chillout Travel Store

DEPORTES Y AL AIRE LIBRE

33 PLANO P. 114, C6

En las tres plantas de este comercio aguardan artículos esenciales para viajar (como ropa técnica, maletas y mochilas) y otros que no está de más tener (como una parrilla para gofres portátil). También se encontrará una librería repleta de mapas y guías en noruego e inglés (incluidas las de Lonely Planet) y una pequeña cafetería que sirve bebidas calientes y dulces. (chillout.no; Markveien 55; Schous plass)

Past Workshop

PRENDAS VINTAGE

34 PLANO P. 114, C5

Ojalá todas las tiendas *vintage* fueran como Past, el negocio de segunda mano y taller de vaqueros de la marca noruega de pantalones de *denim* Livid. Es un placer buscar entre prendas chic organizadas impecablemente por tipo y color en un espacio inundado de luz gracias a ventanales que van del suelo al techo. (facebook.com/Pastworkshop; Markveien 54; Schous plass)

Fomoto

MENAJE

35 PLANO P. 114, C1

Ubicada junto a un tramo caudaloso del Akerselva en Sagene, esta tienda, más grande de lo que aparenta, tiene todo tipo de coloridos artículos para el hogar (vajillas, tazas, jarrones, velas, estampados y mucho más). Fuera hay un pequeño café que sirve gofres los fines de semana sin lluvia. (fomoto.no; Sandakerveien 10T; Biermanns gate)

Frøken Dianas Salonger

PRENDAS VINTAGE

36 PLANO P. 114, C6

El letrero de esta tienda recuerda el de Biba en los *Swinging Sixties*. En su interior, Frøken (Miss) Diana ha extendido una alfombra roja (literalmente) para los clientes que buscan blusas y otras prendas de inspiración *vintage*. La ropa se expone como en una *boutique* con tradicionales vitrinas de madera y altos percheros. (frokendianassalonger.no; Markveien 56; 🚋 Schous plass)

Birkelunden Marked MERCADO

37 PLANO P. 114, C3

Quien prefiera comprar cosas de segunda mano al aire libre puede acudir al parque Birkelunden, en la parte norte de Thorvald Meyers gate, donde se celebra un mercado cada domingo a partir del mediodía. Se ofrece una ecléctica variedad de artículos, desde zapatillas y camisetas hasta cristalería, estampados, joyas y objetos de decoración peculiares. (Birkelunden; 🚋 Birkelunden)

Skaperverket ARTÍCULOS DE DISEÑO

38 PLANO P. 114, C6

Este negocio hace las veces de escaparate para un colectivo de 20 diseñadores de Oslo y 15 de otras partes de Noruega. Es un sitio fabuloso para comprar recuerdos o regalos, ya sean tarjetas de felicitación, libretas, trapos de cocina, floreros de cerámica, prendas para niños o joyas. (skaperverket.no; Markveien 60)

Ensemble MODA Y ACCESORIOS

39 PLANO P. 114, C5

Esta tienda minimalista de lo más cuidada transmite una atmósfera "nórdica" pese a disponer de marcas internacionales. Las prendas de la casa danesa Skall Studio cuelgan sobre las zapatillas de los diseñadores de calzado japoneses Suicoke, mientras que los productos para el cuidado personal (como lociones corporales y perfumes) de empresas que incluyen la noruega Tue+Dam se exponen cual ornamentos en estantes impolutos. (ensemble.no; Nordre gate 13; 🚋 Schous plass)

ManIllusion MODA Y ACCESORIOS

40 PLANO P. 114, C5

Este establecimiento sube el listón en lo relativo al ambiente *vintage* con su suntuoso tocador inspirado en la moda de los años cuarenta y cincuenta que apuesta por el estilo *pin-up* y *rockabilly* mediante faldas ajustadas o anchas, culotes y prendas de punto de tonalidad pastel; las tallas van de la XS a la 4XL. También hay velas y coquetos artículos de menaje. (manillusion.no; Markveien 38; 🚋 Olaf Ryes plass)

Acne Archive MODA Y ACCESORIOS

41 PLANO P. 114, C6

Esta marca sueca tiene dos tiendas preciosas en Oslo (la otra se halla en Øvre Slottsgate), pero esta es la indicada para encontrar gangas por los grandes descuentos que ofrece en la colección del año anterior. Vale la pena entrar simplemente para echar una ojeada a los murales fotográficos dedicados al antiguo estudio del escultor Gustav Vigeland. (acnestudios.com; Markveien 60, acceso por Søndre gate; 🚋 Schous plass)

Explorar

Grønland, Tøyen y este de Oslo

El este de Oslo, donde se originó la ciudad hace un milenio, es una zona tradicionalmente obrera que se ha transformado en la última década con la llegada de numerosos migrantes y una ola de gentrificación. Aunque aún hay partes antiestéticas, sus barrios presumen ahora de bares y bistrós atractivos.

Lo esencial

- ***Ekebergparken (p. 128)*** *Topar con esculturas de Louise Bourgeois y Auguste Rodin en este parque boscoso.*
- ***Restaurant Hot Shop (p. 135)*** *Deleitarse con la cocina digna de estrella Michelin de esta tienda erótica convertida en restaurante.*
- ***Jardín Botánico (p. 133)*** *Apreciar con la vista y el olfato las plantas nativas y exóticas de este jardín organizado por zonas temáticas.*
- ***Kampen (p. 131)*** *Descubrir bonitas casas de madera en las calles de este apacible barrio cimero.*
- ***Øya (p. 136)*** *Disfrutar del verano escuchando a grandes artistas en el mayor festival de música al aire libre de Noruega.*

Cómo llegar y desplazarse

Las líneas 13 y 19 van de Jernbanetorget (Oslo S) a Ekebergparken, y la 17 pasa cerca del Jardín Botánico.

T Todas las líneas (de la 1 a la 5) paran en Grønland y Tøyen.

El nº 37 va a Grønland, y los nº 20 y 60 a Tøyen (el nº 60 sigue hasta Kampen).

Plano de la zona en p. 132.

Jardín Botánico (p. 133). JWCOHEN/SHUTTERSTOCK ©

Las mejores experiencias

Pasear entre esculturas en el Ekebergparken

Inaugurado en el 2013, el Ekebergparken consolidó la reputación de Oslo como capital del arte contemporáneo con especial énfasis en la escultura. Este vasto parque público con vistas a la ciudad y al fiordo está salpicado de obras de la colección de Christian Ringnes. También hay un sendero donde se ilustran la geología de Ekeberg y los hallazgos etnográficos del Mesolítico.

PLANO P. 132, B6

Parque de esculturas de Ekeberg

ekebergparken.com

Kongsveien 23

Ekebergparken

Esculturas

Las 45 esculturas escondidas en este parque boscoso (número que va en aumento) abarcan diversos siglos, movimientos y materiales, incluidos bronce, mármol, vidrio y hierro forjado. Desde la clásica *Eva* (1881) de Auguste Rodin hasta la espeluznante *Poder espectral. Φeλ (farola parlante)* (2013) de Tony Oursler, cada pieza sorprende al aparecer entre los árboles o suspendida de ellos.

También destaca la escultura colgante de Louise Bourgeois *The Couple* (2013), que representa una pareja eternamente entrelazada; la siniestra *Sturm und Drang* (2014) de Jake y Dinos Chapman; y *Pathfinder #18700 Oslo*, inmersiva escultura de niebla de Fujiko Nakaya que "se activa" en verano.

Museo

Lunds Hus alberga el **Museo de Ekebergparken;** aparte de una tienda de arte y diseño, sus dos plantas acogen exposiciones que exploran la historia geológica y natural del parque, así como su importancia estratégica en varias guerras, incluida la II Guerra Mundial. La planta superior acoge la videoinstalación de la artista de *performance* Marina Abramović, la cual acompaña su marco escultural instalado en el parque que invita al visitante a gritar: *The Scream* (2013).

Historia

En el parque hay paneles informativos sobre puntos de interés histórico como un enterramiento de la Edad del Hierro y arte rupestre de la Edad de Piedra; los paneles del **Mesolithic Climb,** sendero que serpentea por la escarpadura, explican la geología de Ekeberg y los hallazgos etnográficos a lo largo de milenios. Las **escaleras de Ekeberg** son todo lo que queda de un cementerio en recuerdo de los soldados alemanes durante la ocupación nazi en la II Guerra Mundial.

★ Consejos

- El viajero agradecerá llevar calzado adecuado; casi todas las esculturas se hallan en caminos de grava, pero algunas se sitúan en pistas de tierra que se embarran cuando llueve.
- Téngase en cuenta que el terreno es montañoso y que el Mesolithic Climb tiene tramos muy empinados con grava suelta.
- No hace falta dar con cada escultura para disfrutar de la visita, pero para ver la mayor parte y visitar el museo se necesita al menos media jornada.

✕ Una pausa

Con la elevación perfecta para contemplar la ciudad y su fiordo, el elegante Ekebergrestauranten (p. 136) es un sitio realmente especial para almorzar o cenar. Quien vista ropa informal puede optar por la terraza veraniega.

Circuito a pie

Paseo por el este

La rápida gentrificación no ha menoscabado el este de Oslo, cuyo atractivo sigue consistiendo en sus calles pragmáticas, parques públicos y bares y cafeterías de barrio. Se propone explorar esta parte de la ciudad caminando desde el Jardín Botánico hasta Gamlebyen, donde se fundó la capital, atravesando una hermosa zona residencial sobre una colina.

Datos

Inicio Jardín Botánico (Tøyen)

Final Preik (St. Halvards plass)

Distancia 4 km; 3 h

❶ Plantas diversas

El recorrido empieza en Tøyen, en el sosegador **Jardín Botánico** (p. 133). Diseñado entre 1814 y 1818 por Johan Siebke, jardinero de origen alemán y danés, acoge actualmente una flora muy abundante con diferentes áreas temáticas que abarcan variedades de plantas comunes y raras.

❷ Calles pintorescas

El barrio otrora obrero de **Kampen** (🚌60, T Tøyen) conserva una singular atmósfera de pueblo con coquetos y coloridos edificios de madera (sobre todo en torno a la iglesia), una granja interactiva para el deleite de los niños y un parque montañoso con un cuerpo de agua. Al perderse por sus calles, uno se reencontrará consigo mismo.

❸ Panadería y cafetería de barrio

El fin de semana suele haber cola, pero vale la pena esperar para entrar en **Farine** (farine.no; Normannsgata 44; 🚌60), alegre panadería y cafetería pintada de amarillo. Los lugareños acuden en tropel para comprar pan, bollos y pasteles recién horneados o hacer un *brunch* a base de huevos fritos con parmesano y *'nduja* o tostadas con tomate y queso crema.

❹ Legado de un artista

Por desgracia, el escultor noruego Bård Breivik (1948-2016) no pudo ver hecha realidad su visión, pero de su creativa mente nació el parque artístico más reciente de Oslo: **Klosterenga Skulpturpark** (p. 134). Encajonado entre bloques de apartamentos y la prisión de Oslo, es muy diferente a los demás de la ciudad. Breivik quería que el parque fomentara el respeto entre culturas a partir de su ubicación multicultural.

❺ Restos del pasado

Gamlebyen, emplazamiento original de la ciudad, evoca la Oslo de antaño con muchos vestigios medievales. Se puede deambular por las ruinas de **Hallvardskatedralen** (catedral de San Hallvard), primera catedral de Oslo, y de **Olavsklosteret** (monasterio de San Olaf), del s. XII y del s. XIII respectivamente. **Middelalderparken** ("parque medieval"), con las ruinas de la iglesia de San Clemente, se halla más cerca de Bjørvika.

❻ Bar de nombre virtuoso

El itinerario termina en **Preik** (p. 138). Ubicado junto a las ruinas de Hallvardskatedralen, este bar se llama "cura", pero nadie juzgará a quien tome una copa o dos.

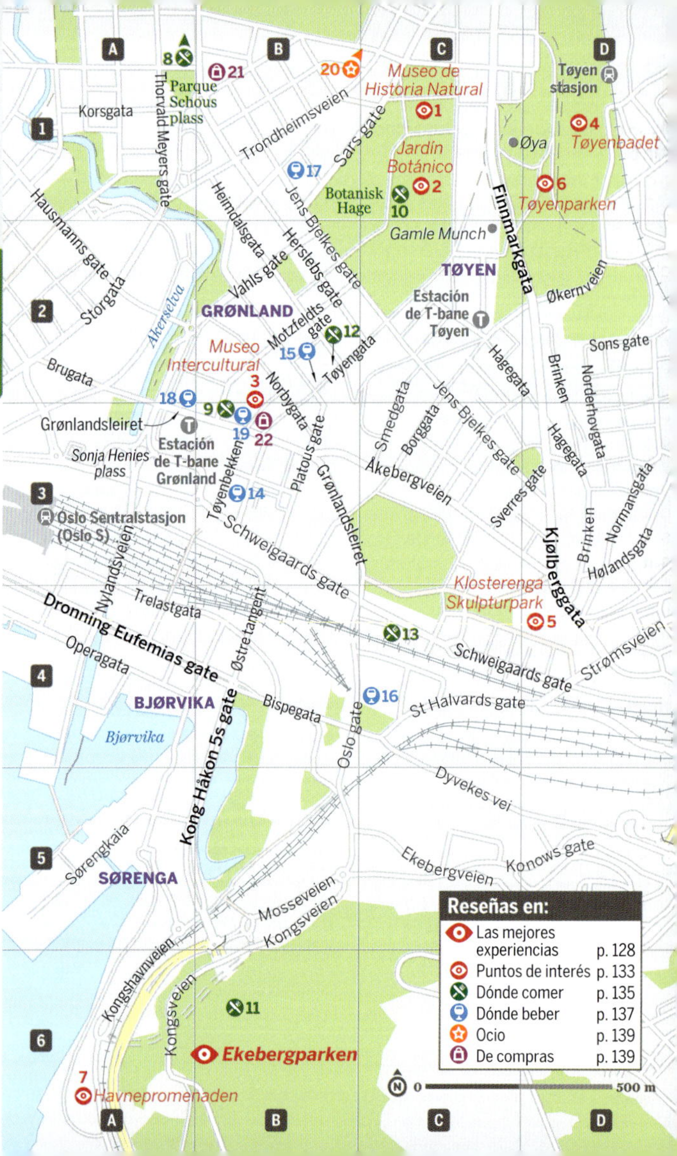
A
B
C
D
1
2
3
4
5
6
Museo de Historia Natural
1
Tøyen stasjon
4
Tøyenbadet
Øya
Jardín Botánico
2
Botanisk Hage
10
6
Tøyenparken
Gamle Munch
TØYEN
Estación de T-bane Tøyen
8
21
20
Parque Schous plass
Korsgata
Thorvald Meyers gate
Trondheimsveien
Sars gate
17
Hausmanns gate
Storgata
Akerselva
Heimdalsgata
Jens Bjelkes gate
Herslebs gate
Vahls gate
GRØNLAND
Motzfeldts gate
12
Museo Intercultural
15
Tøyengata
Finnmarkgata
Økernveien
Sons gate
Hagegata
Brinken
Norderhovgata
Brugata
3
18
9
19
22
Norbygata
Grønlandsleiret
Estación de T-bane Grønland
Sonja Henies plass
Platous gate
Smedgata
Borggata
Åkebergveien
Sverres gate
Normansgata
14
Tøyenbekken
Oslo Sentralstasjon (Oslo S)
Schweigaards gate
Grønlandsleiret
Kjølberggata
Hølandsgata
Klosterenga Skulpturpark
5
Nylandsveien
Trelastgata
Dronning Eufemias gate
Østre tangent
13
Operagata
Strømsveien
BJØRVIKA
Bispegata
16
St Halvards gate
Bjørvika
Kong Håkon 5s gate
Oslo gate
Dyvekes vei
Sørengkaia
SØRENGA
Ekebergveien
Konows gate
Mosseveien
Kongsveien
Kongshavnveien
Kongsveien
11
Ekebergparken
7
Havnepromenaden
Reseñas en:
Las mejores experiencias p. 128
Puntos de interés p. 133
Dónde comer p. 135
Dónde beber p. 137
Ocio p. 139
De compras p. 139
0
500 m

Puntos de interés

Museo de Historia Natural

MUSEO

1 PLANO P. 132, C1

Distribuido en dos edificios principales, este museo presenta clásicas muestras taxidérmicas de fauna de Noruega y del resto del mundo organizadas por "hábitats" temáticos, mientras que la estructura situada al otro lado del patio alberga fósiles (incluido el único cráneo de *Triceratops* hallado en el país), una "cueva de cristales" y maquetas que exploran la vastedad del espacio exterior. En otro edificio (incluido en la entrada), el serio espacio interactivo **Klimahuset** ("casa del clima") conciencia sobre el cambio climático y detalla cómo se puede contribuir a revertir esta tendencia. (Naturhistorisk Museum; nhm.uio.no; Sars' gate 1; 31, T Tøyen)

Jardín Botánico

JARDÍN

2 PLANO P. 132, C1

Organizado por áreas temáticas que se extienden cuesta abajo desde el Museo de Historia Natural, este jardín contiene más de 4500 especies vegetales y es ideal para un apacible paseo. Cabe citar la **Cresta Escandinava,** zona rocosa con una cascada y variada flora de montaña; el **Jardín Vikingo,** con una escultural embarcación hundida en la tierra que luce plantas útiles para los vikingos (como el cáñamo); y la **Casa de las Palmeras,** que transporta al visitante a los trópicos haga el tiempo que haga. (Botanisk

Museo de Historia Natural.

Gamle Munch

Entre los años 1963 y 2019, los fans de Munch que deseaban admirar obras del artista acudían a la sede original del Museo Munch en Tøyen. Ahora bien, ¿qué ha sido de ella después de que se inaugurara la nueva en Bjørvika? Aunque el Ayuntamiento todavía no ha encontrado un uso permanente para el museo anterior, hasta el 2025 está realizando la prueba de emplear **Gamle Munch** (Antiguo Munch; plano p. 132, C2; gamlemunch.no; Tøyengata 53; 20, T Tøyen) como recinto cultural polivalente haciendo hincapié en ofrecer ventajas para los residentes de Tøyen con iniciativas que, hasta la fecha, incluyen una cafetería establecida como empresa social para proporcionar experiencia laboral a los jóvenes del barrio.

Hage; nhm.uio.no; Sars' gate 1; 31, T Tøyen)

Museo Intercultural

MUSEO

3 PLANO P. 132, B2

En el corazón de uno de los barrios más multiculturales de la ciudad, este modesto museo gratuito (adscrito al Museo de Oslo) invita a reflexionar sobre la naturaleza y el origen del prejuicio y el racismo. La exposición principal comprende una serie de estancias pequeñas que exploran temas como el odio y el miedo, así como una obra de arte interactiva de Thierry Geoffroy (apodado Colonel) que pide afrontar la propia visión sesgada y combatir la injusticia en la sociedad. (Interkulturelt Museum; oslomuseum.no/interkulturelt-museum; Tøyenbekken 5; T Grønland)

Tøyenbadet

NATACIÓN

4 PLANO P. 132, D1

Tras cinco años de reformas, en el 2024 debería reabrir el mayor complejo de piscinas de Oslo, con cuatro cubiertas, otras descubiertas que abren todo el año, toboganes y plataformas de salto. Se halla en lo alto de la colina de Tøyenparken, cerca de Gamle Munch. En la web figuran los horarios actualizados. (oslo.kommune.no; Helgesens gate 90; T Tøyen)

Klosterenga Skulpturpark

ESCULTURA

5 PLANO P. 132, D4

Inaugurado oficialmente en el verano del 2023, este pequeño parque de esculturas combina efigies de piedra, elementos arquitectónicos, una piscina y plantas con el arroyo Hovinbekken como nexo. El parque, que representa la unión entre diferentes culturas en un espíritu de respeto mutuo, fue idea del artista noruego Bård Breivik (1948-2016) y se halla en una zona residencial de Gamlebyen, encajonado entre bloques de apartamentos y la prisión. (Parque de esculturas Klosterenga; oslo.kommune.no; St. Halvards gate 30; 20, 37)

Tøyenparken PARQUE

6 PLANO P. 132, D1

A pesar de acoger el Øya (p. 136), mayor festival veraniego de música de Noruega, el Tøyenparken es un humilde (pero extenso) parque de barrio el resto del año. Uno puede sumarse a los vecinos de Tøyen que toman el sol en su empinada cuesta cubierta de hierba o dar un largo paseo adentrándose en la zona boscosa. (oslo.kommune.no; Helgesens gate; 20, T Tøyen)

Havnepromenaden SENDERO

7 PLANO P. 132, A6

El recorrido de 9 km por el puerto de Oslo parte de Frognerkilen (en el oeste) y zigzaguea por el paseo marítimo hasta Kongshavn (en el este), en la falda del Ekebergparken. Este circuito cultural está señalizado con 14 enormes pilares informativos de color naranja que ilustran la historia de la zona mediante fotos del pasado para apreciar su transformación. (Sendero del Puerto; oslo.kommune.no; de Kongshavnveien a Frognerkilen; 85)

Dónde comer

Restaurant Hot Shop NUEVA COCINA NÓRDICA €€€

8 PLANO P. 132, A1

El nombre de este restaurante de estrella Michelin alude a su pasado como tienda erótica. El jefe de cocina Jo Bøe Klakegg, antes chef del alabado restaurante Noma de nueva cocina nórdica, deleita el paladar de los comensales con un impecable menú de temporada

Havnepromenaden.

Øyafestivalen

Øya (plano p. 132, C1; oyafestivalen.com; Tøyenparken; T Tøyen), festival de música con un cuarto de siglo de historia, tiene lugar durante cuatro días de agosto en Tøyenparken con actuaciones adicionales en clubes de toda la ciudad la noche anterior al pistoletazo de salida. En los años precedentes ha acogido conciertos de Lorde, Wizkid, Solange, Florence and the Machine y otros artistas. Este festival, que abarca música *indie*, *hip-hop*, electrónica y de otros estilos, es uno de los más populares de Noruega y también aspira a ser uno de los más ecológicos del mundo al utilizar energías renovables, reciclar el 60% de los residuos y evitar los envases alimentarios de plástico.

que incluye platos como ostras con espárragos y rábano picante. Se debe reservar con tiempo. (restauranthotshop.no; Københavngata 18;)

Punjab Tandoori

INDIA €

9 PLANO P. 132, B3

Esta sencilla cantina, abarrotada a la hora del almuerzo, sirve excelentes, aromáticos, sabrosos y económicos curris del norte de la India. Es toda una institución en el barrio y uno de los restaurantes indios más auténticos de Noruega. (punjabtandoori.no; Grønlandsleiret 24; T Grønland)

Handwerk Botaniske

CAFETERÍA, PASTELERÍA €

10 PLANO P. 132, C1

A los amantes de lo rural les encantará esta bonita cafetería en pleno Jardín Botánico (p. 133). Emplazada en un histórico edificio agrícola, presenta un interior azul verdoso con estupendas plantas decorativas y sirve sándwiches orgánicos, generosos platos del día y un amplio abanico de *boller* (bollos) acompañados de óptimo café de filtro. (handwerk.no; Sars' gate 1; T Tøyen)

Ekebergrestauranten

NORUEGA €€€

11 PLANO P. 132, B6

Esta joya del funcionalismo temprano diseñada por Lars Backer en 1929 quedó abandonada en los años ochenta. Por suerte, se ha restaurado para disfrute de todos como restaurante de cocina sencilla, esmerada y elegante. También hay una terraza veraniega donde sirven hamburguesas, mejillones con patatas fritas y sándwiches de gambas. Quien no sienta interés por la arquitectura modernista apreciará igualmente las vistas de Oslo y su fiordo. (Restaurante Ekeberg; ekebergrestauranten.com; Kongsveien 15; Ekebergparken)

The Golden Chimp DUMPLINGS €€€

12 PLANO P. 132, B2

Compensa su falta de autenticidad con un exceso de *kitsch*, pues sirve *dumplings* de fusión nórdica y asiática en un espacio con adornos retro, esteras de bambú en las paredes y gatos de la fortuna que mueven una pata. Se puede elegir entre el menú fijo (previa reserva) y opciones a la carta como *dumplings* de cangrejo con ensalada de *kimchi* y *gyoza* de cerdo o gamba con salsa XO. (thegoldenchimp.no; Heimdalsgata 37; 60)

Arv Kaffe & Retro CAFETERÍA €

13 PLANO P. 132, C4

Arv prepara tradicionales gofres noruegos, sándwiches y especiales del día como lasaña, pero marca la diferencia porque todas las antigüedades expuestas de las décadas de 1960 y 1970 están a la venta, desde las pantallas de las lámparas que cuelgan del techo hasta las sillas en que se sientan los clientes. No hay sitio igual para picar algo. (facebook.com/arvkaffere tro; Schweigaards gate 57; 34, 70)

Dónde beber

Oslo Mekaniske Verksted BAR

14 PLANO P. 132, B3

Este antiguo taller mecánico es ahora un acogedor bar iluminado con velas. La variopinta clientela bebe cerveza en sofás Chesterfield junto a la entrada o en sillas desparejadas hacia el fondo, donde el cavernoso espacio está decorado con pósteres de biología

Handwerk Botaniske.

y mapas *vintage*. En la pizarra figura la buena selección de vinos por copas. (oslomekaniskeverksted.no; Tøyenbekken 34, acceso por Teaterplassen; T Grønland)

Neongrut

CAFETERÍA VEGANA

15 PLANO P. 132, B2

En esta cafetería de Grønland aguardan una cálida bienvenida, baristas galardonados y exquisitos tentempiés dulces y salados a base de verduras. La oferta es 100% vegana, así que uno puede elegir entre distintas leches vegetales que echar al café. Más tarde sirven cerveza y vino natural por copas. (instagram.com/neongrut; Tøyengata esq. Urtegata; 60, T Grønland)

Preik

CAFETERÍA, BAR

16 PLANO P. 132, C4

Junto a las ruinas de Hallvardskatedralen, el informal Preik ("cura") de Gamlebyen es perfecto para confesarse entre amigos. Proponen una animada programación vespertina que incluye DJ, monólogos cómicos y música en directo, así como una carta con apetitosos sándwiches y ensaladas de inspiración mediterránea. (preikoslo.no; St Halvards plass 2; 34, 70, preikoslo.no)

Gråbein

PUB

17 PLANO P. 132, B1

Parejas, grupos de amigos y personas solteras acuden a este bullicioso *pub* de barrio que sirve cervezas artesanales, cócteles clásicos y tostadas. Dentro hay mesas típicas de las cafeterías estadounidenses y obras de artistas locales a la venta, pero, cuando hace sol, los clientes se congregan fuera bajo grandes parasoles. (facebook.com/graabeinbar; Lakkegata 71; Heimdalsgata)

Dattera Til Hagen

BAR

18 PLANO P. 132, A2

Este bar bohemio presume de una colorida cervecería al aire libre en el patio trasero que se abarrota en verano. La combinación de DJ, música en vivo, cómicos y concursos de preguntas y respuestas animan días y noches. Quienes quieran picar algo pueden pedir *pizzas*, ensaladas y sándwiches. (dattera.no; Grønland 10; T Grønland)

Asylet

PUB

19 PLANO P. 132, B3

Emplazado con orgullo en el corazón multicultural de Grønland, Asylet es una clásica taberna de 1730. Tras cruzar el arco de acceso al patio adoquinado, se entra en una estructura con entramado de madera (según dicen, la más antigua de Oslo), techos bajos sustentados por vigas, losas y una chimenea en un estado cuestionable. En verano el sugerente bar del patio atrae a una alegre multitud. (asylet.no; Grønland 28; T Grønland)

Ocio

Black Box Teater

TEATRO

20 PLANO P. 132, B1

En una calle tranquila de Rodeløkka, al norte del Jardín Botánico, este local acoge actuaciones de nuevos nombres del panorama teatral contemporáneo (tanto noruego como internacional) desde 1985. Sus dos programaciones (primaveral y otoñal) incluyen obras experimentales y ofrecen descuentos para los menores de 25 años. (blackbox.no; Marstrandgata 8; 20, 21, 28, 33)

Grønland Basar.

De compras

Rimfrost

MODA Y ACCESORIOS

21 PLANO P. 132, B1

Esta tienda de ropa independiente vende camisetas, camisas, sudaderas y gorras de béisbol de edición limitada para hombres y mujeres con estampas que a menudo se inspiran en tatuajes. (rimfrostco.no; Rathkes gate 2; Schous plass)

Grønland Basar

CENTRO COMERCIAL

22 PLANO P. 132, B3

Este pequeño, pero diáfano centro comercial inspirado en Oriente Medio tiene unos cuantos negocios independientes que venden joyas y ropa para adultos y niños, así como un par de cadenas comerciales (incluida una tienda Vinmonopolet). También dispone de una cafetería y un supermercado Bunnpris. (gronlandbasar.no; Tøyengata 2; 37, T Grønland)

Circuito a pie

Paseo frente al mar

Antaño una zona portuaria muy industrializada, el paseo marítimo de Oslo se ha transformado en los últimos 20 años y sigue cambiando rápidamente para ofrecer una mezcla embriagadora de lo moderno y lo histórico, así como lo industrial y lo natural. Havnepromenaden es un paseo de 9 km con pilares informativos de color naranja, pero esta ruta más corta pasa por algunos de los puntos de interés.

Datos

Inicio Ekebergparken

Final Astrup Fearney Museet

Distancia 5 km; 2 h 30 min

❶ Ekebergparken

Se parte del Ekebergparken (p. 128), que regala unas vistas estupendas de Oslo y alberga una de las mejores colecciones de arte contemporáneo de Noruega, con obras de Dan Graham y Damien Hirst entre bosques y campos.

❷ Vistas de Bjørvika

De camino a la ciudad se pasa por el extremo oriental del paseo marítimo, que se extiende ante el fascinante barrio de Bjørvika y protagoniza la última fase de una renovación iniciada hace décadas. Más allá de las grúas y estructuras en construcción se alzan las torres del Barcode, origen del proyecto. Por su parte, Sørengkaia acoge una zona residencial y unos baños.

❸ Ópera de Oslo

El edificio (p. 56) más icónico de Oslo no necesita presentación. Andar por su luminoso tejado de mármol con impresionantes vistas panorámicas de Oslo y su fiordo es una experiencia ineludible, al igual que visitar su elevado interior de madera.

❹ SALT

Este provisional espacio cultural (p. 66) con innumerables usos invita a reponer fuerzas en una inmensa terraza que se asoma al muelle y a hacer uso de las saunas. El conjunto de edificios con forma de prisma, que recuerdan las rejillas para el secado del pescado del norte de Noruega, también cuenta con gastronetas para picar algo.

❺ Akershusstranda

Este tramo del paseo marítimo resulta interesante en las jornadas soleadas (las frías o lluviosas puede parecer un tanto lóbrego) con la fortaleza de Akershus como telón de fondo, un conmovedor monumento de Antony Gormley a los noruegos de fe judía deportados durante la II Guerra Mundial y evocadores vestigios del viejo puerto.

❻ Astrup Fearnley Museet

Uno de los tramos del paseo marítimo más visitados, la bulliciosa zona de Aker Brygge está repleta de restaurantes, heladerías, bares y embarcaciones. Su ecléctica arquitectura contemporánea antecede al Astrup Fearnley Museet (p. 74), estructura de Renzo Piano semejante a una vela en la punta del islote de Tjuvholmen.

Circuito a pie

Excursión a Fredrikstad

Fredrikstad, otrora vital para el comercio, es una de las ciudades fortificadas más bonitas y mejor preservadas de Escandinavia. Las casas de madera, fosos, puertas y el puente levadizo de Gamlebyen ("casco antiguo") son cautivadores y de fácil acceso en ferris urbanos gratuitos que surcan el río Glomma. A 1 h de Oslo, esta apacible e histórica localidad es ideal para una escapada de un día.

Cómo llegar

Cada hora salen trenes de Oslo S a Fredrikstad (249 NOK, 1 h).

Desde Oslo se toma la E6 al sur; después de Råde, se vira al sur por la 110 hacia Fredrikstad.

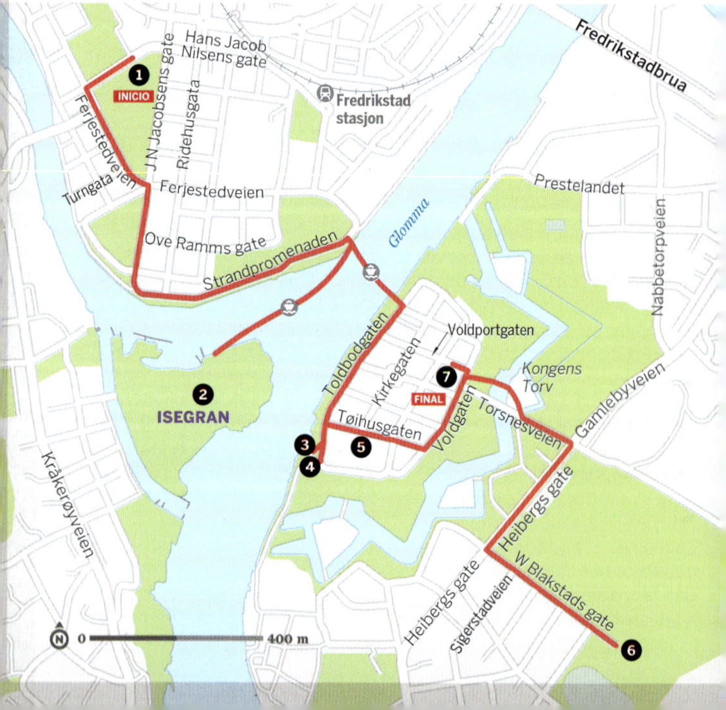

❶ Catedral

Desde la estación ferroviaria se puede dar un paseo hasta la **catedral** (kirken.no/fredrikstad; Riddervoldsgate 5); erigida en 1880 y adornada con vitrales de Emanuel Vigeland, refleja la importancia de Fredrikstad en el s. XIX. El templo da muestra de la funcionalidad noruega, pues la aguja alberga un faro.

❷ Islote

En las sagas nórdicas se cita una fortaleza edificada en el s. XIII en **Isegran,** islote del Glomma que ejerció de línea defensiva adicional ante Suecia a mediados del s. XVII. Se llega en ferri para ver las ruinas de la torre de piedra en la punta este y, en verano, tomar algo en la cafetería sita en el antiguo polvorín.

❸ Bastion 5

Tras otro viaje en ferri se pasea por las calles empedradas del casco antiguo. **Bastion 5** (visitnorway.es/listings/bastion-5/4647; Toldbodgaten 105-107) es un conjunto de edificios históricos donde ahora se emplazan galerías, un taller de cerámica y una cafetería, incluido uno de los más antiguos de Gamlebyen (un bonito almacén de piedra levantado entre 1674 y 1691).

❹ 'Slaveriet'

Este atractivo edificio de 1731 fue cuartel, cárcel y *slaveriet* (sección con prisioneros sentenciados a trabajos forzosos), pero hoy acoge el popularísimo **Café Magenta** (cafemagenta.no; Toldbodgaten 105), parte de Bastion 5; se puede tomar café o cerveza al abrigo de muros de piedra de 1 m de grosor o bajo la luz del sol en la terraza.

❺ Museo de Fredrikstad

En un edificio que data de 1775, el **Museo de Fredrikstad** (ostfoldmuseene.no/fredrikstad; Tøihusgaten 41) presenta una excelente y moderna exposición sobre el papel de los habitantes de la provincia de Østfold en la II Guerra Mundial en la planta baja, así como maquetas del casco antiguo y una interesante colección de reliquias de tres siglos de actividad civil, militar e industrial en la planta superior.

❻ Gallows Hill

En Gallows Hill ("colina de la horca") se yergue **Kongsten Festning** (fuerte de Kongsten; ostfoldmuseene.no/kongsten; W. Blakstads gate). Construido en 1685, sirvió de puesto de vigilancia y alerta para las tropas gracias a la vista de pájaro de Gamlebyen.

❼ Gastronomía noruega

Antes de regresar, se recomienda comer en **Majorens Kro og Stue** (majoren.no; Voldportgaten 73, Gamlebyen), muy apreciado por los lugareños debido a su atmósfera histórica y *koselig* (acogedora). Ofrece un comedor formal y un patio donde degustar *schnitzel* con tubérculos, sopa de pescado, hamburguesa o *fish and chips*.

Oslo Lufthavn
Gardermoen stasjon
GO OFF-PISTE IN THE ALPS
SAS

Guía práctica

Aeropuerto internacional de Oslo-Gardermoen (p. 147).

Antes de partir

Alojamiento

- Oslo tiene una vasta oferta de alojamiento, de albergues a lujosos hoteles de diseño pasando por buenas cadenas.
- En general, los estándares son altos, pero se paga más que en otros países.
- Los pisos privados de alquiler ofrecen más carácter por un precio inferior (aunque rara vez económico).
- Los hoteles garantizan el confort. Las cadenas típicas (Scandic, Thon, Quality) son opciones fiables, pero tirando a sosas.
- El desayuno se suele incluir en el precio, pero más vale preguntar. Algunos hoteles entregan vales para un desayuno continental en un café cercano (en tal caso, sale mejor ir a una panadería).
- Todos los hoteles brindan wifi, pero su fiabilidad y velocidad varían.

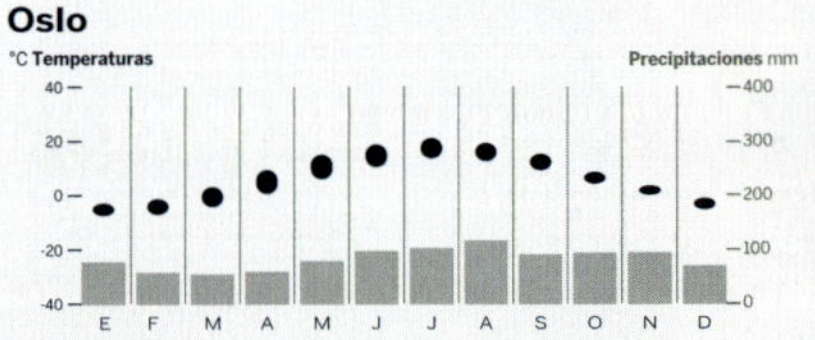

Cuándo ir

- **Primavera** (mar-may) Parques floridos en abril y mayo y aglomeraciones el Día de la Constitución.
- **Verano** (jun-ago) Días muy largos y playas y parques abarrotados.
- **Otoño** (sep-oct) Más conciertos y eventos culturales.
- **Invierno** (nov-feb) Conciertos y mercados navideños mágicos.

Webs útiles

- **De Historiske** (dehistoriske.com) Alojamientos históricos con mucho carácter en toda Noruega.
- **Lonely Planet** (lonelyplanet.com/norway/oslo/hotels) Recomendaciones y reservas.

Económico

- **Topcamp Ekeberg** (topcamp.no) Hotel en un pintoresco entorno natural junto al Ekebergparken, a unos minutos del centro.
- **Cochs Pensjonat** (cochspensjonat.no) Estancias sencillas (algunas con minicocina) en una pensión clásica junto al Slottsparken.
- **Citybox Oslo** (cityboxhotels.com) Habitaciones espaciosas diseñadas con gusto y zonas comunes *boutique*-chic, incluida una cocina básica.
- **K7 Hotel** (k7hotel.com) Hotel tranquilo y muy céntrico con dormitorios correctos.

Precio medio

- **Bob W Kvadraduren** (bobw.co) Habitaciones elegantes con cerraduras que funcionan mediante el teléfono inteligente y cámaras Instax de uso gratuito.
- **Guldsmeden Oslo** (guldsmedenhotels.com) Hotel de ideología ecológica cerca

de Tjuvholmen con baldaquinos, adornos rústicos y saunas.

- **Smarthotel** (smarthotel.no) Cerca del Slottsparken, sus estancias compactas contrastan con el amplio salón de inspiración *vintage*.

Precio alto

- **Camillas Hus** (camillashus.no) Siete habitaciones suntuosas en el antiguo hogar de la escritora Camilla Collett.
- **Amerikalinjen** (amerikalinjen.com) Lujoso hotel en Jernbanetorget inspirado en la naviera Norwegian America Line.
- **Sommerro** (sommerrohouse.com) *Lofts* con camas empotradas, elegantes habitaciones dobles y suites en un edificio *art déco*.
- **The Thief** (thethief.com) Hotel de diseño y lujo contemporáneo con decoración elegante, vistas al puerto y *spa*.

Cómo llegar

Aeropuerto internacional de Oslo-Gardermoen

Tren

La forma más rápida de llegar al centro urbano es tomar el **Flytoget** (www.flytoget.no; adultos/niños 230/115 NOK), que tarda 19 min (o un poco más); sale cada 10 o 20 min de 5.30 a 24.00.

Para ahorrar, se aconseja subir a un tren local de **Vy** (vy.no) que pare en Gardermoen (adultos/niños 118/46 NOK, 23 min, hasta 3 cada hora).

Tanto el Flytoget como los servicios de Vy enlazan Gardermoen con las estaciones ferroviarias Oslo S y Nationaltheatret.

Autobús

El servicio equivalente **Flybussen** (flybussen.no; adultos/niños 229/139 NOK, 1 h 15 min) conecta el aeropuerto con Jernbanetorget y otras paradas del centro (cada 30 min de 4.00 a 1.00). El de vuelta parte de la terminal ubicada en Galleri Oslo. Consúltense los horarios en la web.

Terminal de autobuses de Oslo

El punto de partida y destino para autobuses de larga distancia se halla en la planta baja del edificio Galleri Oslo. Una práctica pasarela elevada une esta terminal con la estación ferroviaria.

Terminal de ferris DFDS

Los ferris de **DFDS** (www.dfds.com; Akershusstranda 31; 🚌60) enlazan Oslo y Dinamarca a diario desde su **terminal** (Vippetangkaia) en Akershusstranda. El autobús nº 60 para a un par de minutos a pie.

Cómo desplazarse

Tranvía

Las seis líneas de tranvía están operativas de 5.30 a 1.00; todas excepto la 13 pasan por Jernbanetorget, la plaza junto a Oslo S.

Autobús

Los autobuses circulan 24 h, pero con frecuencia nocturna menor. Como los tranvías, muchos se detienen cerca de Jernbanetorget. A bordo hay pantallas que anuncian las siguientes paradas.

Metro

La moderna red de metro de Oslo (T-bane) consta de cinco líneas que serpentean bajo la ciudad y llegan a la periferia. Todas paran en Majorstuen, Jernbanetorget, Nationaltheatret, Stortinget, Grønland y Tøyen.

Patinete eléctrico

Los patinetes eléctricos de alquiler a través de aplicaciones (las más comunes son **Voi** y **Ryde**) causan controversia, pero gozan de suma popularidad y están por doquier. Quien no los haya usado nunca debería hacer una prueba en una vía tranquila.

La ley aprobada en el 2022 los clasifica como vehículos con motor eléctrico de pequeño tamaño sujetos a ciertas normas:

- La edad mínima para conducirlos es de 12 años; entre los 12 y los 15, es obligatorio llevar casco (las compañías de alquiler suelen establecer un límite de edad superior).
- Es ilegal conducir un patinete eléctrico bajo la influencia de drogas o alcohol.
- Solo se permite un pasajero por vehículo.
- Está permitido circular con un patinete eléctrico por todas las vías abiertas a bicicletas, así como por la acera mostrando consideración por los peatones.
- La multa por no aparcar el patinete eléctrico de forma responsable asciende a 900 NOK.

Bicicleta

- El servicio de **bicicletas compartidas** (Oslo Bysykkel; oslobysykkel.no) tiene 260 estaciones con bicis en buen estado.
- Sus pases dan acceso a la red durante 60 min/24 h/30 días (35/69/159 NOK).
- Se incluyen viajes ilimitados de hasta 60 min. Al superar este tiempo, se pagan 15 NOK extra cada 15 min.
- Las bicicletas están disponibles de 5.00 a 1.00 todos los días del año, si bien hay menos en invierno.

Barco

- Unos modernos ferris eléctricos surcan las aguas del fiordo de Oslo hasta las islas interiores y más allá.
- La ruta B2, que enlaza con Hovedøya, Gressholmen y Langøyene, zarpa de Rådhusbrygge 3/plataforma F. La frecuencia es menor en invierno.

Billetes y pases

- **Ruter** (ruter.no) gestiona el eficiente sistema de transporte público de Oslo. Los billetes son válidos en todas las líneas de metro, autobús, tranvía y ferri (excepto el ferri Bygdøy), así como en los trenes locales.
- La red se organiza por zonas; el centro urbano forma parte de la zona 1 (billete sencillo/24 h/7 días 40/121/335 NOK), mientras que el aeropuerto de Oslo-Gardermoen se halla en la zona 4N.
- Es preciso comprar los billetes antes de subir a bordo en la **aplicación de Ruter,** en las máquinas de las estaciones de metro, en las tiendas 7-Eleven y Narvesen o en el **centro de atención al cliente de Ruter** (Trafikanten; ruter.no; Jernbanetorget).
- El Oslo Pass incluye viajes ilimitados en las zonas 1 y 2.
- La multa por viajar sin un billete válido es de 1150 NOK (o de 950 NOK si se paga en el acto).
- El **ferri Bygdøy** (Bygdøyfergene; ☎23 35 68 90; www.nyc.no; ⌚fin mar-med oct; ⛴91) sale de Rådhusbrygge 1/ plataforma E (fin mar-med oct; billetes de Ruter no válidos).

Información esencial

Accesibilidad

- En general, Oslo está bien preparada para los viajeros con discapacidad, pero aún hay margen de mejora. Por ley todos los edificios públicos de nueva construcción deben ser accesibles en silla de ruedas.
- **Wheelmap** (wheelmap.org) es una herramienta que permite consultar la accesibilidad de atracciones, tiendas, restaurantes y otros lugares en un mapa.
- Las estaciones de metro cuentan con ascensores o rampas hasta los andenes, casi todas con acceso nivelado a los vagones. Los autobuses tienen suelo bajo, pero los tranvías de las líneas 11, 12 y 19 no son accesibles en silla de ruedas. Más información en ruter.no/en/journey/accessibility.
- Casi todos los pasos de cebra tienen el bordillo rebajado; los semáforos emiten una señal acústica que suena más rápido cuando están a punto de cambiar.
- En el centro de visitantes de Oslo recomiendan alojamientos accesibles; con un estándar de accesibilidad de 159 puntos, la cadena Scandic (scandichotels.com) es una apuesta segura.

Comunidad LGTBIQ+

- Noruega suele figurar entre los países más respetuosos con la comunidad LGTBIQ+, de lo cual da fe la extremadamente liberal Oslo.

Consejos para ahorrar

- **Reservar con antelación** Conviene buscar alojamiento lo antes posible para encontrar una buena oferta; los precios dinámicos están a la orden del día, con lo que las tarifas se disparan si sube la demanda.
- **Salir a almorzar en vez de a cenar** Muchos restaurantes hacen propuestas especiales a la hora del almuerzo –como un plato del día *(dagens rett)* o un menú con primero y segundo– que cuestan menos que las opciones vespertinas a la carta.
- **Tomar copas previas** Quien beba alcohol y planee una noche épica puede imitar la tradición local del *forspill* consistente en comprar licores en una de las tiendas estatales Vinmonopolet y hacer botellón antes de salir.

- Es muy improbable que los viajeros de este colectivo vivan una experiencia negativa, pero tal vez topen con la desaprobación de las muestras públicas de afecto por parte de comunidades religiosas conservadoras.

Descuentos

El **Oslo Pass** (www.visitoslo.com; 24/48/72 h adultos 495/720/895 NOK, niños 265/360/450 NOK) permite ahorrar en desplazamientos y entradas. Casi todos los museos están incluidos en el pase, así como todos los medios de transporte público en las zonas 1 y 2 más el ferri Bygdøy. También brinda descuentos en restaurantes y circuitos. Se puede comprar en el centro de visitantes de Oslo o en la aplicación.

Dinero

- Hay cajeros automáticos por todo el centro, pero casi todas las tiendas, restaurantes, bares y cafeterías prefieren las tarjetas de débito o crédito al dinero en metálico, incluso en compras pequeñas.
- Los mercados se cuentan entre los pocos lugares de Noruega donde hace falta efectivo. Muchos vendedores prefieren el pago a través de la aplicación Vipps (solo disponible con una cuenta bancaria noruega), pero se les puede preguntar si aceptan billetes o envíos por PayPal.

Electricidad

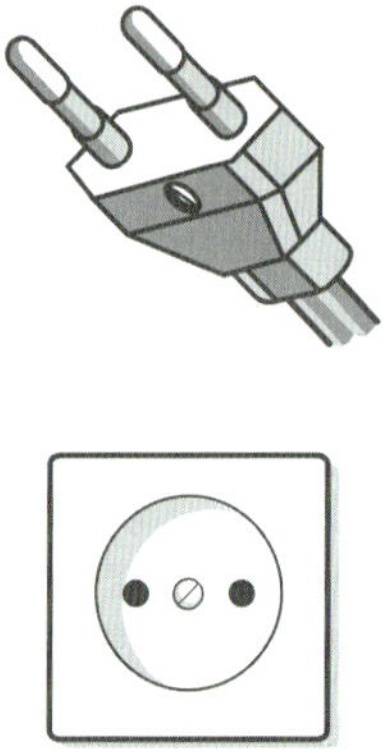

Tipo C
220V/50Hz

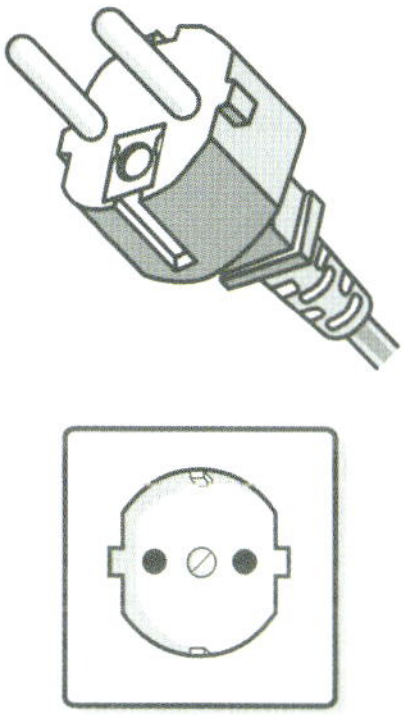

Tipo F
230V/50Hz

Fiestas oficiales

Año Nuevo (Nyttårsdag) 1 de enero

Jueves Santo (Skjærtorsdag) marzo/abril

Viernes Santo (Langfredag) marzo/abril

Lunes de Pascua (Annen Påskedag) marzo/abril

Día del Trabajo (Første Mai, Arbeidetsdag) 1 de mayo

Día de la Constitución (Nasjonaldag) 17 de mayo

Día de la Ascensión (Kristi Himmelfartsdag) mayo/junio, 40º día después de Pascua

Lunes de Pentecostés (Annen Pinsedag) mayo/junio, 8º lunes después de Pascua

Navidad (Første Juledag) 25 de diciembre

Segundo día de Navidad (Annen Juledag) 26 de diciembre

Horario comercial

He aquí los horarios de apertura habituales en temporada alta (med jun-med sep).

Bancos 9.00-16.00 lu-vi

Bares 18.00-3.00

Oficinas de correos 8.00-18.00 lu-vi, 10.00-15.00 sa

Restaurantes 12.00-15.00 y 18.00-23.00

Tiendas 10.00-18.00 lu-vi, hasta 17.00 sa

Supermercados 7.00-23.00 lu-vi, hasta 22.00 sa

Vinmonopolet 10.00-18.00 lu-vi, hasta 16.00 sa

Información turística

El **centro de visitantes de Oslo** (23 10 62 00; www.visitoslo.com; Jernbanetorget 1; 9.00-18.00; ; Jernbanetorget, Jernbanetorget, Oslo S) ofrece consejos, vende el Oslo Pass y billetes de transporte y publica guías gratis. Está justo en la entra-

Qué hacer y qué no

- **Buenos modales** Los noruegos son reservados pero siempre educados.
- **Agradecimiento** Nunca está de más decir *tusen takk* ("muchas gracias") en tiendas y restaurantes, aunque el resto de la conversación sea en inglés.
- **Autosuficiencia** Los noruegos dan por sentado que una persona está bien a menos que pida ayuda, en cuyo caso están más que dispuestos a echar una mano.
- **Respeto** Los hombres noruegos aprenden desde niños a ser respetuosos con las mujeres; en bares y otros lugares de socialización, son ellas las que suelen dar el primer paso.

da del centro comercial Østbanehallen, unido a la estación ferroviaria Oslo S.

Lavabos públicos

- Los aseos públicos están limpios y son gratis en las atracciones principales.
- En algunos, como los de los centros comerciales, hay que pagar (unas 10 NOK) con una tarjeta *contactless*.

Seguridad

- Oslo es una ciudad muy segura para viajeros de cualquier género con un bajo índice de delincuencia callejera.
- Si se planean excursiones por bosques y colinas de los alrededores, hay que vestirse recordando que el tiempo cambia rápidamente incluso en verano.
- Es posible cruzarse con personas vagabundas y con problemas de adicción a las drogas que hacen uso de ellas sin esconderse, particularmente en un breve tramo de Storgata junto al supermercado KIWI. Aunque esta zona resulte un poco intimidatoria, sobre todo de noche, no es peligrosa.
- Las drogas no son legales por fácil que resulte conseguirlas.

Urgencias

Ambulancia	113
Bomberos	110
Policía	112

Visados

- Noruega forma parte del espacio Schengen junto con otros países europeos.
- Los ciudadanos de la UE y del espacio Schengen no necesitan visado.
- Los ciudadanos o residentes de varios países (incluido EE UU) tampoco necesitan visado para visitas turísticas de hasta 90 días.
- En la web del Directorio de Inmigración de Noruega (UDI; udi.no) se puede consultar la información más actualizada y solicitar un visado.

Idioma

El idioma oficial de Noruega es el noruego, perteneciente a las lenguas germánicas septentrionales o lenguas escandinavas.

Existen dos formas escritas oficiales del noruego, llamadas *bokmål* (literalmente, "lengua de libro") y *nynorsk* ("nuevo noruego"), bastante similares entre sí y comprendidas por todos los hablantes. Ambas variedades son estándares usados en la comunicación escrita (en el ámbito educativo, administrativo y periodístico), mientras que la lengua hablada se divide en numerosos dialectos locales. El *bokmål* predomina en las ciudades, mientras que el *nynorsk* es más común en las zonas de los fiordos occidentales y las montañas centrales; se calcula que, de los cinco millones de hablantes de noruego, un 85% usa el *bokmål* y un 15% usa el *nynorsk*. En este apartado se emplea únicamente el *bokmål*.

Vocabulario básico

Hola	*God dag*
Adiós	*Ha det*
Sí	*Ja*
No	*Nei*
Gracias	*Takk*
Por favor	*Vær så snill*
De nada	*Ingen årsak*
Disculpe	*Unnskyld*
Perdón	*Beklager*

¿Cómo estás?
Hvordan har du det?

Bien, gracias. ¿Y tú?
Bra, takk. Og du?

Indicaciones

¿Dónde está...?
Hvor er...?

¿Cuál es la dirección?
Hva er adressen?

¿Lo puede escribir?
Kan du skrive det?

¿Me lo puede mostrar (en el plano)?
Kan du vise meg (på kartet)?

Comida y bebida

Una mesa para cuatro, por favor.
Et bord til (fire), takk.

¿Qué recomienda usted?
Hva vil du anbefale?

¿Qué incluye?
Hva inkluderer det?

No como (carne).
Jeg spise ikke (kjøtt).

La cuenta, por favor.
Kan jeg få regningen, takk.

Compras

Estoy buscando...
Jeg leter etter...

¿Puedo verlo?
Kan jeg få se på det?

¿Cuánto cuesta?
Hvor mye koster det?

Urgencias

¡Socorro! *Hjelp!*

¡Vete! *Forsvinn!*

Me he perdido.
Jeg har gått meg vill.

¡Llama a...! *Ring...!*

un médico *en lege*

la policía *politiet*

Hora y números

¿Qué hora es?
Hva er klokka?

Son las (dos) en punto
Klokka er (to)

de la mañana
om formiddagen

de la tarde
om ettermiddagen

1	*en*
2	*to*
3	*tre*
4	*fire*
5	*fem*
6	*seks*
7	*sju*
8	*åtte*
9	*ni*
10	*ti*
100	*hundre*
1000	*tusen*

Transporte e indicaciones

Quiero ir a...
Jeg skal til...

¿A qué hora llega/sale?
Når ankommer/går den?

¿Puede avisarme cuando llleguemos a (Oslo)?
Kan du si fra når vi kommer til (Oslo)?

Por favor, pare aquí.
Vær så snill å stoppe her.

barco	*båt*
autobús	*buss*
avión	*fly*
taxi	*drosje*
tren	*tåg*

Entre bastidores

Actualización y sugerencias

Si el lector encuentra cambios en los lugares descritos u otros recién inaugurados, le agradeceremos que escriba a Lonely Planet en www.lonelyplanet.com/contact/guidebook_feedback/new para mejorar la próxima edición. Todos los mensajes se leen, se estudian y se verifican. Quienes escriban verán su nombre reflejado en el capítulo de agradecimientos de la siguiente edición. Determinados fragmentos de la correspondencia de los lectores podrían aparecer en nuevas ediciones de las guías Lonely Planet, en la web de Lonely Planet, así como en la información personalizada. Se ruega a todo aquel que no desee ver publicadas sus cartas ni que figure su nombre que lo haga constar.

Reconocimientos

Foto de la cubierta: Ópera de Oslo, Hemis/AWL Images ©
Foto de la contracubierta: Vigelandsparken, Lena Ivanova/Shutterstock ©
Fotos pp. 30-31 (sentido horario desde arriba a la izda.): saiko3p/Shutterstock ©; Nowaczyk/Shutterstock ©; Einar Aslaksen/Astrup Fearnley Museet ©

Índice

Véanse también los subíndices:
Dónde comer p. 158
Dónde beber p. 159
Ocio p. 159
De compras p. 159

Puntos de interés 000
Planos **000**

Dónde comer

Puntos de interés 000
Planos **000**

Dónde beber

Ocio

De compras

La autora

Gemma Graham

Oriunda de Escocia central, Gemma es una escritora y editora que vive y trabaja en Londres, pero sus estrechos lazos con Noruega y Suecia han hecho que deje un pedacito de corazón en Escandinavia. Ha viajado mucho por los países nórdicos, desde Kangerlussuaq hasta Kalmar, Svolvær y Saariselkä (cuanto más gélido el destino, mejor). Gemma ha trabajado dos décadas para la prensa escrita y digital, además de haber ostentado el cargo de editora de destinos en Lonely Planet antes de reinventarse como *freelance* para explorar sobre el terreno. Ha cubierto lugares de Noruega para cuatro guías de Lonely Planet y ha colaborado como editora en incontables títulos más. En su tiempo libre, Gemma es feliz cuando pasea por un bosque, asciende una colina, visita con calma una galería de arte o come *kanelboller* (rollos de canela) mientras planea su próxima aventura a regiones frías.

geoPlaneta
Av. Diagonal 662-664, 08034 Barcelona
www.geoplaneta.com – www.lonelyplanet.es

Lonely Planet Global Limited
Lonely Planet Global Limited, Digital Depot,
The Digital Hub, Dublín D08 TCV4, Irlanda
www.lonelyplanet.com
Contacta con Lonely Planet en: lonelyplanet.com/contact

Oslo de cerca
2ª edición en español – octubre del 2024
Traducción de *Pocket Oslo*, 2ª edición – junio del 2024
© Lonely Planet Global Limited
1ª edición en español – julio del 2018

Editorial Planeta, S.A.
Av. Diagonal 662-664, 7º. 08034 Barcelona (España)
Con la autorización para la edición en español de Lonely Planet Global Limited, Digital Depot,
The Digital Hub, Dublín, D08 TCV4, Irlanda

ISBN: 978-84-08-28997-5
Depósito legal: B. 6.656-2024
Impresión y encuadernación: Unigraf
Printed in Spain – Impreso en España